DO SERTÃO a HOLLYWOOD

Eliane Trindade

DO SERTÃO a HOLLYWOOD

A história de glamour, empreendedorismo
e inclusão social de MARTHA MEDEIROS, a estilista
que levou a renda brasileira ao tapete vermelho

© 2023 - Eliane Trindade
Direitos em língua portuguesa para o Brasil:
Matrix Editora
www.matrixeditora.com.br
/MatrixEditora | @matrixeditora | /matrixeditora

Diretor editorial
Paulo Tadeu

Capa
Patricia Delgado da Costa

Projeto gráfico e diagramação
Marcelo Correia da Silva

Revisão
Adriana Wrege
Silvia Parollo

Créditos das fotos
Págs. 200 a 206 - Bob Wolfenson
Pág. 207 - Getty Images
Págs. 209 a 215 e 217 a 219 - João Passos
Pág. 221 (1ª foto) - Reprodução
Demais fotos - Reproduções e arquivo pessoal

CIP-BRASIL - CATALOGAÇÃO NA PUBLICAÇÃO
SINDICATO NACIONAL DOS EDITORES DE LIVROS, RJ

Trindade, Eliane
Do sertão a Hollywood / Eliane Trindade. - 1. ed. - São Paulo: Matrix, 2023.
224 p.; 23 cm.

ISBN 978-65-5616-399-4

1. Medeiros, Martha. 2. Estilistas (Moda) - Biografia - Brasil. I. Título.

23-86474
CDD: 746.92092
CDU: 929:391(81)

Gabriela Faray Ferreira Lopes - Bibliotecária - CRB-7/6643

SUMÁRIO

	Dois prefácios	7
Capítulo 1	De roupa de boneca ao tapete vermelho	13
Capítulo 2	Da feira ao curso de moda no Senac	25
Capítulo 3	A butique dela na *Caras*	39
Capítulo 4	Em busca do tesouro artesanal	51
Capítulo 5	Renda que gera renda	67
Capítulo 6	O manual da vendedora de sonhos	83
Capítulo 7	Recomeços no meio do caminho	101
Capítulo 8	Do sertão para o mundo, via Hollywood	115
Capítulo 9	Deus é sócio, e o papa, garoto-propaganda	137
Capítulo 10	Laços de família	151
Capítulo 11	Uma marca de luxo 100% brasileira	163
Capítulo 12	O sertão virou mar	187
	Álbum de fotos	199

DOIS PREFÁCIOS

Por *Sofía Vergara*

Em 2015 eu estava navegando pelo meu *feed* do Instagram, quando me deparei com um *post* de uma mulher usando um dos vestidos de renda mais lindos de todos os tempos. Era uma verdadeira obra de arte e chamou minha atenção, minha alma e, honestamente, me fez perder a cabeça. Descobri quem era a designer e a persegui até conseguir entrar em contato com ela. No meu mundo, geralmente acontece o contrário: os designers me perseguem. Isso era diferente, eu só sabia que tinha que conhecê-la. Foi assim que a desbravadora brasileira Martha Medeiros entrou na minha vida, sorrindo como uma das mulheres mais criativas e fascinantes que conheço, e embora me sinta sortuda por conhecer muitas, admito que poucas são tão multidimensionalmente talentosas quanto ela.

Para mim, Martha é mais do que uma designer extraordinária, ela é uma artista revolucionária. Com sua formação em economia, história e moda, ela conseguiu criar uma marca de peças elaboradas feitas à mão atemporais, tão únicas e bonitas, que viverão como herança em sua família. E ela faz tudo isso enquanto ajuda a empoderar mulheres e, francamente, salva uma forma de arte milenar com cada ponto.

Algumas semanas depois de ver seu primeiro vestido no Instagram, pedi a Martha que criasse um dos meus vestidos nupciais. Ela me deixou maravilhada não apenas com a arte mágica e intrincada de seus designs exclusivos, mas também com o modelo de negócios por trás de seu visual e marca. Todas as suas criações apoiam centenas de artesãs de uma das regiões mais pobres do Brasil. Ela não está apenas conservando e renovando as técnicas tradicionais de fabricação de rendas que passam por gerações, ela está destacando as artesãs mulheres com um coração generoso.

Cada peça de Martha Medeiros requer horas de artesanato; fio a fio, unido às suas técnicas únicas de modelagem nascidas de seu talento. Suas roupas delicadas e requintadas apresentam a rara e detalhada renda renascença e materiais nobres, pois ela transforma cada peça em uma criação única que vai muito além do que você espera dos vestidos de grife hoje em dia... ou talvez de todos os tempos.

Acredito que Martha Medeiros e as musas artesãs que trabalham com ela são um grande modelo de como deveria ser o futuro das marcas de moda globalmente responsáveis. Sua marca oferece educação e acesso a cuidados médicos para seus trabalhadores. Suas criações, ao mesmo tempo que são belas formas de arte da moda feitas à mão, são peças que contam histórias e vêm com boa energia (eu juro que se sente quando você as veste). É seu compromisso e exemplo de empoderamento feminino que me deixa sem fôlego. A magia intrínseca de seu coração generoso é um de seus lindos supertalentos.

Estou orgulhosa das realizações de Martha e acredito que este livro servirá como fonte de inspiração da visão de uma latina com uma perspectiva única que nunca deixa de excitar e encorajar o espírito criativo.

Sofía Vergara é atriz, humorista, produtora, apresentadora de televisão, modelo e empresária colombiana, naturalizada norte-americana.

Por *Luiza Trajano*

Martha tem um vulcão dentro dela, inquieta e dona de um talento criativo único, ela não acredita no impossível e vai atrás de seus objetivos.

A leitura deste livro possibilitará conhecer a trajetória e persistência que fizeram da Martha uma referência mundial na moda, sem jamais esquecer suas raízes, levando a cultura e arte regional brasileira a transformar-se em algo sofisticado e de qualidade.

A incansável Martha sempre correu atrás de seus sonhos, e nunca desistiu com os nãos que ouviu durante o caminho, desde criança teve sangue de vendedora. Conheço muito esse perfil, vejo as mesmas atitudes da minha tia Luiza, fundadora do Magazine Luiza, de não ver crise e trabalhar incansavelmente.

Com o bom gosto herdado de sua avó, e a admiração pela sua cultura regional, foi traçando caminhos ousados, característica de todo grande empreendedor, sem medo de encarar os desafios: como assumir uma confecção por um valor que ainda não tinha disponível para quitar, precisando trabalhar para pagar o restante.

Também não ficou parada no tempo em um mercado em constante transformação, e correu atrás para aprender coisas novas e estudar, mesmo com todos os sacrifícios que precisou enfrentar; decidiu mudar de cidade, pois tem a inteligência da busca da renovação constante, tão necessária em sua área.

Todo esse movimento de Martha resulta também em inclusão: mulheres rendeiras, que não tinham seus produtos valorizados, passaram a ganhar mais. Além da valorização dessa mão de obra, o artesanato brasileiro passou a ser visto de outro modo.

Sempre preocupada com as artesãs, Martha nos procurou durante a grave crise econômica da pandemia, por causa da perda da fonte de renda gerada pelo turismo e pelas vendas em lojas físicas. Martha queria digitalizar o trabalho dessas artesãs e incluí-lo na plataforma de marketplace do Magazine Luiza. Ela está sempre procurando melhores condições de trabalho e inclusão para essas trabalhadoras. Conseguimos, rapidamente, criar esse acesso, o que garantiu renda a essas mulheres.

Ou seja, Martha construiu uma marca de moda nacional, com projeção mundial, sem perder suas origens. Pelo contrário: inspirada pela arte e cultura de suas raízes, conquistou todo o planeta, sem perder seu propósito.

Luiza Trajano é empresária.

Capítulo 1

DE ROUPA DE BONECA AO TAPETE VERMELHO

"**M**uito prazer. Sou Martha Medeiros. Você ainda vai ouvir falar de mim!" Foram inúmeras as vezes em que a estilista, empresária, empreendedora social, artista plástica, sacoleira, muambeira e vendedora de artesanato assim se apresentou para clientes, artistas, jornalistas, parceiros, fornecedores e patrocinadores.

Pessoas que lhe abriram as portas, o crédito, o closet, as páginas de revistas e a carteira desde antes de a fama e o reconhecimento chegarem – já na casa dos 40 anos, casada e mãe de dois filhos. O tal sucesso deu as caras pelo talento e pela labuta dessa alagoana sem parentes importantes nem dinheiro no banco, quando havia apenas acabado de limpar o nome na praça depois de ser forçada a fechar o primeiro negócio, em Alagoas. Foi quando a ex-funcionária do Banco do Brasil resolveu apostar todas as suas fichas na construção de uma marca de luxo genuinamente brasileira.

Para chegar lá, Martha Medeiros, a mulher, a mãe e a empreendedora por trás da marca homônima, usa e abusa de uma energia que parece inesgotável, um carisma esfuziante, muita ousadia e coragem. Tudo isso somado à enorme capacidade de trabalho e à paixão pelo artesanal.

Com seu sotaque nordestino e as risadas que lhe são peculiares, Martha pontua as frases com um "tá entendendo?", enquanto passa em revista uma trajetória extraordinária, calcada na fé inabalável de que faria história na moda brasileira e internacional. Fez mais: conquistou prestígio e clientes fiéis, ocupou páginas e páginas de revistas, vestiu princesas e plebeus endinheirados, famosos e anônimos, ganhou e perdeu dinheiro. Superou reveses, crises financeiras, problemas familiares e de saúde.

Foram múltiplas as encarnações de Martha Regina Santos Costa Medeiros, nascida em Maceió em 15 de novembro de 1962. Uma delas como estilista.

– Eu tenho uma fita métrica nos olhos – diz a alagoana, ao definir a habilidade de tirar as medidas e modelar com perfeição uma roupa apenas olhando para a foto de clientes de alta-costura.

Aquelas que podem, pagam de 20 mil a 100 mil reais por um modelo exclusivo de sua marca homônima, reconhecida pela excelência da renda e do feito à mão.

Foi a distância que a estilista desenhou vestidos de gala para Sofía Vergara, atriz e apresentadora colombiana radicada nos Estados Unidos, primeira estrela de Hollywood a se render às criações da brasileira. Uma marca então minúscula, que ainda não contava com a ajuda de caros e renomados profissionais de relações públicas para conquistar o guarda-roupa de personalidades da meca do cinema. Ao agregar refinamento, informação de moda e valor à matéria-prima antes relegada a feiras de artesanato, Martha Medeiros ganhou o mundo com um estilo de forte identidade regional e brasileira, mas universal na qualidade e na sofisticação. O caminho dos rendados da brasileira até o tapete vermelho foi pavimentado desde a infância em Maceió, quando a garota nordestina fazia roupas de bonecas com sobras de tecido e a ajuda de costureiras da elegante avó, Zezé Martins.

– Minha avó sempre usou roupas boas. Comprava os tecidos e mantinha uma costureira em casa para ela e os sete filhos – relata a neta.

No começo, Marthinha pegava os retalhos e se limitava a fazer um quadrado e dois buracos por onde enfiar os braços para vestir as bonecas. A avó via o resultado medonho e dizia:

– Sua boneca não pode se vestir com esse saco. Ela tem que ser tão bem-vestida quanto a dona. Para Zezé Martins, roupa fina tinha de ter bolso-faca e bainha italiana.

– Ela mandava as costureiras me ensinarem tudo isso. E me orgulhava das bonecas perfeitas, que comecei a vender para as minhas amigas – recorda-se a estilista.

As memórias a transportam para a mansão dos avós, um casarão ao lado do Palácio do Governo de Alagoas que hoje abriga uma agência do Banco do Brasil. A lembrança mais remota é da bela e chiquérrima

Zezé Martins no quarto de vestir decorado com mobiliário austríaco. Sinais da fortuna do avô, José Augusto Martins Santos, vulgo Cabeção.

– Meu avô era muito conhecido na cidade – afirma Martha. – Uma prima casada com um procurador do Estado diz que ele era importador e foi dos primórdios do mercado financeiro local. Traduzindo, ele era contrabandista e agiota!

Virou piada familiar. Nem tanto nem tão pouco, como no resumo feito pela verve de Martha. A descrição mais crua faz parte do folclore da família. O patriarca era um homem simples e trabalhador que soube ganhar dinheiro na primeira metade do século passado. Começou com um pequeno posto de gasolina numa cidade vizinha à capital, Fernão Velho (AL). O lucro era investido em novos postos, um deles nas redondezas do porto de Maceió. Aproximou-se da aristocracia açucareira, dona da riqueza local em torno do plantio de cana e das usinas de açúcar, base da economia alagoana.

– Meu avô sabia que quem tinha dinheiro era usineiro. Ele não tinha o suficiente para ter usina, mas fez uma fábrica de sacos de açúcar para virar fornecedor das usinas do estado. E concedia empréstimos para os usineiros na entressafra – explica a neta. – Quando ele morreu, minha avó conta que um usineiro chegou para uma visita com um saco de dinheiro. E disse: "Eu devia para seu marido". Não deixou nada anotado. Era tudo no fio do bigode. Outro pagou a dívida com libras esterlinas e moedas de ouro, que minha avó guardou por anos.

A visão estratégica de Cabeção o fazia alugar os porões dos navios que levavam açúcar para a Europa a fim de trazer móveis e lustres da Áustria, carrões importados e até Coca-Cola para a festa de 15 anos de Marta, a mãe de Martha Regina, a futura estilista com o nome grafado com H. O segundo prenome, em homenagem à bisavó Regina, proliferou entre as primas da nova geração: Adailde Regina, Laura Regina, Claudia Regina, Maria Regina. A neta famosa se lembra do avô materno, que morreu quando ela tinha uns 5 anos, como um homem careca e baixinho. E também bastante ciumento da beleza radiante da mulher, a quem só permitia trabalhar como professora de Artes numa escola ao lado da residência.

– Ela era linda e não podia sair de casa. Tenho lembranças da minha avó sempre alinhada e penteada. Meu gosto pelo que é bonito e bem-feito vem dela – conclui Martha. – Aprendi com ela a detestar porcaria. Quem tivesse coisa de qualidade para vender, ia mostrar para dona Zezé Martins. Fosse um lustre, uma roupa. A máxima dela era: "Tenha pouco, mas bom".

Dona Zezé teve muitos netos: 32. Ou melhor, 31 e Marthinha, a preferida, a mais velha e companheira de viagens pelo Brasil e pela América Latina, tão logo a viuvez a liberou para curtir a vida. Não tinha completado ainda 50 anos. Da missa de sétimo dia, a viúva do finado Cabeção embarcou direto para Paris com uma amiga.

– Ele morreu num acidente de carro, ao lado de uma rapariga, como a gente fala no Nordeste – conta Martha. – Para a minha avó, foi um alívio. Nunca falava do meu avô com saudade. Ela sonhava em conhecer Paris, mas o marido nunca deixou. Ela só tinha ido ao Recife e ao Rio de Janeiro, sempre com ele. Herdou mais de cem imóveis, dinheiro e moedas de ouro. O luxo dela era viajar. Nos meus 15 anos, fizemos uma viagem de quarenta dias de férias para o Chile, Argentina e Uruguai. Entre as netas, só eu tive acesso a isso.

Da avó, a estilista herdou o gosto pela arte e pelos trabalhos manuais. Zezé Martins morava numa casa que era uma verdadeira galeria de arte, e chegou a ganhar um concurso nacional da Fiat Lux ao confeccionar com palitos de fósforo o coqueiro símbolo do estado de Alagoas. O prêmio era uma viagem internacional, que o marido não lhe permitiu usufruir. A jovem viúva bancou muitos luxos e foi gastando a fortuna. Morreu bem mais pobre e realizada, aos 97 anos, em 2014.

– No final, ela estava mais ou menos lúcida, mas dizia que a melhor época da vida dela foi depois dos 90 anos, porque só se lembrava do que queria – relata a neta, que também diz fazer uso de memória seletiva para blindar sua felicidade. – Na velhice, minha avó tinha um padrão de vida bem mais modesto, mas ainda com móveis e lustres antigos.

Martha conta que, passados alguns anos da morte da avó, recebeu uma herança inesperada. Mandaram entregar uma sacolinha de couro bem pesada na casa de sua mãe, em Maceió. Dona Marta até pensou em jogar o trambolho no lixo. Quando a filha viu do que se tratava, emocionou-se com o melhor presente que poderia ter ganhado da avó. Zezé Martins guardava os ferros de bolear dentro daquela sacola. Objetos de imenso valor afetivo. Martha se empolga para descrever os acessórios para fazer flores de pano, usando goma e ferro aquecido, uma técnica que aprendeu na infância:

– Os ferros de bolear estão perfeitos. Ainda dá para usar e guardo no meu quarto, como relíquias que são. Sempre dentro da bolsa de couro que ela usava. Ninguém queria aquilo. Mas era tudo o que eu mais queria. São originais, usados por minha avó, que mandou um ferreiro fazer – descreve a herdeira. – Para bolear naquela época, era preciso pegar um candeeiro e colocar na ponta do ferro em forma de bola. Na outra ponta havia um bico de pato. Pegava-se o tecido, passava uma papinha feita com goma e deixava secar. Quando estava quase seco, esticava-se no ferro quente e cortava. Então o tecido ficava redondinho, virava folha e flores. Eu achava lindo.

A técnica também serviu para um trabalho de escola. Aluna de um tradicional colégio de freiras da capital alagoana, o Santa Madalena Sofia, Martha foi colega de turma de Thereza Collor, que ganharia notoriedade nacional ao se tornar a "musa do impeachment" de Fernando Collor de Mello, primeiro presidente da República eleito após a redemocratização do Brasil. Em 1992, a bela morena alagoana, filha do usineiro João Lyra, chamou a atenção do país ao aparecer ao lado do marido, Pedro Collor, irmão que denunciou o esquema de corrupção que levaria à renúncia do presidente eleito como "caçador de marajás".

Martha também teve Heloísa Helena como colega de classe, que se tornaria figura nacionalmente conhecida em espectro ideológico diametralmente oposto ao de Thereza. A estudante bolsista do tradicional colégio de freiras elegeu-se senadora pelo Partido dos Trabalhadores (PT) em 1998. Após discordar dos rumos da política econômica do governo Luiz Inácio Lula da Silva e votar contra a reforma da Previdência, a alagoana foi expulsa do PT e ajudou a fundar com dissidentes petistas uma nova legenda de esquerda, o Partido Socialismo e Liberdade (PSOL), pelo qual se candidatou à Presidência da República em 2006. Obteve 6.575.393 votos (6,5%), conquistando um surpreendente terceiro lugar. Em 2020, disputou uma vaga para vereadora na Câmara Municipal de Maceió pela Rede, mas não foi eleita.

– Eu sentava no fundão, atrás da Heloísa Helena, que já tinha um cabelão. Eu me escondia atrás da cabeleira dela – recorda-se Martha, que se define como boa aluna, de comportamento abusado. – Nunca fiquei de recuperação.

Martha queria ser historiadora.

— Você é muito inteligente para fazer História. Professor não ganha nada. Direito é que dá dinheiro – decretou o pai.

— Thereza Collor era rica e fez faculdade de História – pontua Martha. – Lembro dela na primeira fila, chiquérrima, usando joias lindas. Essa época de escola foi muito bacana. Éramos 33 meninas. Temos um grupo no WhatsApp.

Martha estudava em colégio de elite, vinha de uma família de posses, mas não era filha de usineiros. Seu pai, Livaldo Fernandes Costa, e sua mãe, Marta Lúcia Martins Santos, eram funcionários públicos. A filha teve acesso a uma educação de excelência, usava as melhores roupas e frequentava os círculos das famílias abastadas de Alagoas. A amizade do pai com Geraldo Bulhões, ex-deputado federal e ex-governador de Alagoas, levou a família para Brasília, onde residiu de 1972 a 1975. Livaldo aceitara o convite para trabalhar na Câmara dos Deputados como chefe de gabinete de Bulhões, que entraria para o folclore político brasileiro graças a uma surra de toalha que levou da mulher, Denilma.

Foi na Superquadra 407 Sul, na capital da República, que Martha debutou como empreendedora mirim.

— No nosso bloco havia duas casas de zelador e só um funcionário. Meu pai era síndico e pedi a ele para usar a que estava vazia como uma lojinha de roupas de boneca – diz Martha, que na época tinha 8 anos. – Eu me estabeleci no térreo do prédio. De manhã eu ia para a Escola Parque da 108 Sul e à tarde recebia as amigas, servindo brigadeiro em bandejinhas. Minhas clientes tinham de levar as bonecas para eu ver que tipo de roupinha ficava bem nelas. Fazia a roupa por encomenda. O que ganhava dava para comprar dois picolés.

Fazia tudo à mão, com sobra de tecido. Quando completou 10 anos, ganhou da mãe uma máquina de costura.

— Tenho calo de agulha nas mãos até hoje. Eu me lembro de que lá na quadra havia uma banca de revista. Eu comprava cartões-postais e escrevia para minhas amigas de Maceió, contando que eu era uma comerciante estabelecida, que tinha clientela grande e um negócio que ia de vento em popa.

Depois da temporada brasiliense, a família retornou a Maceió, onde Martha se reintegrou à mesma turma da escola até a formatura no Ensino Médio. Passou no vestibular de Economia na Universidade Federal de

Alagoas e em Direito em uma faculdade particular. Não concluiu nenhum dos cursos. A formação superior viria anos depois, já mãe de dois filhos, ao se graduar na primeira turma de um curso de moda no país, no Senac, em 1990. Um aprendizado formal que se somou ao talento para tirar medidas com os olhos e focar o artesanal como diferencial competitivo, duas particularidades que estão no DNA da grife Martha Medeiros.

Com essas credenciais, a alagoana desembarcou em Los Angeles em 2015 com a mala cheia de sonhos e de vestidos desenhados sob encomenda para uma estrela em ascensão em Hollywood. Uma cliente que praticamente bateu à sua porta, sem que ela nem sequer soubesse de quem se tratava.

– Tem alguém falando portunhol, procurando por Martha Medeiros. O nome dela é Sofía Vergara – avisou uma vendedora.

Martha pediu à então diretora de marketing, Camilla Coatti, que atendesse ao telefonema, pois não fazia a menor ideia de quem era.

– Camilla disse que o nome era conhecido e "deu um Google". Ao telefone, perguntou se a pessoa trabalhava com Sofía Vergara. Ouviu de volta que era a própria.

A pesquisa no Google resultou em fotos da atriz colombiana, protagonista da série *Modern Family*, estampando a capa da revista *Forbes* como a estrela mais bem paga da televisão americana naquele ano. Martha e as funcionárias ainda acharam se tratar de uma homônima. Perguntaram onde ela morava e o que fazia.

– Eu moro em Los Angeles e trabalho com TV – respondeu.

A diretora de marketing quis saber de onde ela conhecia a marca e a estilista brasileira. Sofía Vergara explicou que seguia o perfil @marthamedeirosreal no Instagram havia três anos. O telefonema tinha uma razão especial: a atriz queria encomendar um dos seus vestidos de casamento, que seria no dia 22 de novembro. Fez então um convite inesperado: como não seria possível viajar ao Brasil, gostaria de saber da possibilidade de a estilista ir aos Estados Unidos fazer as provas e levar opções para o grande dia. Martha, que escutava a conversa, pediu a Camilla que informasse que costumava viajar com tudo pago e com duas assistentes.

Ela gargalha ao relatar a negociação surreal:

– Nunca tive assistente, mas ouvi de um fotógrafo que ele só viajava com assistentes, achei chique e quis o mesmo. Arrumei duas funcionárias para me acompanhar a Los Angeles. E pedi para ficar hospedada no Beverly Wilshire, o hotel do filme *Uma linda mulher*.

Estrelada por Julia Roberts e Richard Gere, a comédia romântica foi ambientada na unidade de Beverly Hills da rede de luxo Four Seasons. Era um antigo desejo de Martha conhecer a icônica suíte do filme. Em uma viagem a Los Angeles anos antes, ela passou uma noite no hotel, graças a uma promoção de uma plataforma de reservas on-line. No entanto, foi esnobada pelo *concierge* ao pedir para conhecer a locação cinematográfica, cuja cena mais famosa é o banho de banheira de Roberts na pele de uma prostituta que se apaixona pelo cliente bilionário e solitário. Com as bênçãos de Vergara, foi lá que a alagoana se hospedou ao desembarcar na cidade, a vinte dias do casamento, com os vestidos a serem escolhidos pela cliente ultravip.

– Do aeroporto, fomos chiquérrimas para o Beverly Wilshire deixar as malas. De lá, seguimos direto para a casa da Sofía. Você precisava ver o carro que ela mandou para nos apanhar. Levamos os oito vestidos que fiz para ela escolher – relata Martha, que preparou mais peças além dos três modelitos brancos. – Sofía queria uma roupa para o *brunch,* em que receberia todos os convidados do casamento a partir das 11h da manhã. Ela me mandou as medidas, e eu pedi que me enviasse também um sutiã, pois ela tem muito busto e as costas bem estreitas. Com a minha famosa fita métrica no olho, os ajustes foram mínimos durante a prova.

A mansão fazia jus a Hollywood, diz a brasileira:

– Era um absurdo de linda, digna de estrela de cinema. No térreo, tem uma sala só para prova de roupas, cheia de espelhos e araras. E Sofía chegou aos gritos: "*Marthaaaaa! I love you, Martha! I love you!*", declarou, efusiva, antes de começar a provar os modelos exclusivos.

Martha ficou impressionada com a simpatia da cliente famosa. Na sala de vestir estava pendurado, à espera da dona, um longo dourado de uma famosa grife que a atriz iria usar naquela noite, em um evento de gala da meca do cinema.

Sofía mudou de planos ao ver na arara um vestido vermelho Martha Medeiros.

– Se não precisasse de ajustes, eu iria com ele – lamentou, ao provar o modelo recém-chegado do Brasil, apertado no busto e uns vinte centímetros mais comprido.

Martha só perguntou quanto tempo teria para deixar o modelito ajustado. Teria que fazer os ajustes enquanto Sofía terminava a maquiagem. Exatos 45 minutos depois, o longo rendado estava pronto para a noite de gala.

– Nem sei como conseguimos soltar o busto, ajustar a cintura e fazer a barra em tão pouco tempo – admite Martha –, mas o vestido ficou perfeito nela. Foi uma emoção estar no Beverly Wilshire e ver a Sofía chegando ao tapete vermelho superbadalado com um vestido assinado por mim. Saíram fotos com o *look* em um monte de revistas nos Estados Unidos e no Brasil.

As fotos destacam a beleza de Vergara, valorizando suas raízes latinas na 29ª edição do American Cinematheque Award, endossando um longo estilo sereia da estilista brasileira Martha Medeiros, que delineava o corpo da atriz com perfeição. A colombiana comprou todos os oito vestidos levados para a prova. Sem regatear no preço ou propor permuta em razão da exposição natural da grife usada por uma estrela de Hollywood, como é comum no troca-troca entre marcas e famosos.

O segundo encontro da brasileira com Sofía seria também memorável. Martha se dirigiu ao estúdio de gravação da série *Modern Family*, onde foi apresentada aos bastidores de Hollywood.

– Eu fiquei sonhando com aqueles estúdios enormes, com garçons passando e servindo caviar e champanhe. Já fui imaginando as fotos que iam render para o meu Instagram – diz Martha.

Ela não esconde a decepção com o *trailer* e o galpão da locação da série de sucesso: Sofía arrumava o cabelo, enquanto o empresário a preparava para uma entrevista; em vez de bandejas de prata, um pote de plástico com frutas picadas.

Como Martha perguntara se poderia tirar fotos no estúdio, a atriz sugeriu, ao vê-la chegar:

– *Martha, saca la foto* – autorizou, em espanhol.

A brasileira retrucou que não ia fotografar nada, para não entregar a falta de *glamour*.

– Não quero ter isso aqui nem como lembrança no meu celular – rebateu.

A recusa em fotografar a realidade de um *set* de filmagens gerou gargalhadas gerais. E Martha perderia, na sequência, a chance de fotografar a apresentadora Ellen DeGeneres, que deu pinta no *trailer* para falar com Sofía.

– Ela estava gravando o programa dela e apareceu para fumar. Vestia um terno branco, superbonita – recorda-se a brasileira.

Sofía fez as apresentações:

– *Ellen, this is Martha, my favorite designer!*

Nem diante do elogio de ser apresentada como sua estilista favorita a alagoana se dobrou.

– Eu respondi um "oi", estendi a mão e só – resume a brasileira desavisada.

Quando DeGeneres saiu, Sofía perguntou a Martha se ela sabia quem era.

– Sofía, eu não sabia nem quem era você, quanto mais quem é essa galega! – respondeu a alagoana, com franqueza.

A galega, como são chamadas as louras no Nordeste, era tão somente a mulher mais importante do showbiz norte-americano, ao lado de Oprah Winfrey, que anos depois também vestiria Martha Medeiros para apresentar um dos programas de maior audiência nos Estados Unidos. Parece conto de fadas, mas é a vida real de uma criadora de moda improvável, que, com resiliência, foco e capacidade de reinvenção, uniu o local e o global na construção de uma grife genuinamente brasileira. A estilista alagoana fez mais do que levar sua etiqueta de estilo e qualidade para o guarda-roupa de clientes famosas, de Beyoncé a Xuxa e Ivete Sangalo. Ela chegou a um panteão da arte, o Museu da Renda de Calais, na França, onde dois vestidos by Martha Medeiros fazem história.

Capítulo 2

DA FEIRA AO CURSO DE MODA NO SENAC

Martha Medeiros tinha duas certezas: iria se casar cedo e seria uma estilista famosa. Ainda na faculdade, começou a namorar o estudante de engenharia Gélio Medeiros, com quem subiria ao altar aos 19 anos. Os dois se conheceram em um baile de Carnaval, no Clube Fênix Alagoana.

– Eu tinha 17 anos e ele, 19. Já reclamei com Deus do fato de na minha época de adolescente não ter esse negócio de ficar – lamenta a alagoana. – Nos conhecemos no Carnaval, mas só fui dar um beijo nele na Semana Santa. Passamos a Quaresma inteira na seca. Foi na Paixão de Cristo que começamos a namorar. Casamos dois anos depois.

Os dois passaram no concurso do Banco do Brasil, sinônimo de estabilidade e bom emprego em um país que tinha no banco estatal um dos maiores e melhores empregadores. Martha foi incentivada pela mãe a se inscrever no concorrido concurso. A matriarca sonhava com a independência financeira da primogênita, em paragens e tempos nos quais um bom casamento era ainda a grande aspiração feminina.

– Ela sempre quis que eu fosse independente – diz Martha. – Tinha acabado de completar 18. Eu ganhava meu próprio dinheirinho desde muito cedo. Com 8 anos eu comecei a fazer também bonecas de pano, além das roupinhas. Eu era muito boa em fazer rostos, cabelos, sapatos de camurça, botinhas de salto. Sentia prazer de fazer bonecas diferenciadas. Eu me orgulhava de ter as bonecas mais bem-vestidas.

Aos 14 anos, Martha participou da criação da primeira feira de arte e artesanato de Alagoas, na Praia de Pajuçara, ponto turístico da capital alagoana. Juntou-se a uma amiga da mãe, que fazia *silk-screen*, e a uma terceira artesã para fundar a Prodarte e suas primeiras três barracas.

– Eu vendia superbem. No domingo à tarde, montava minha barraquinha e só saía à noite, com a carteira repleta – recorda-se Martha. – Toda segunda-feira eu passava numa loja chamada Pretinha para comprar roupas. Eu me achava! Tinha dinheiro para bancar minhas coisas. As outras meninas me olhavam atravessado porque eu tinha roupa nova. Mas no domingo, enquanto elas ficavam na praia, eu trabalhava na feira. Minha barraca era a mais bonita e com os produtos mais selecionados. Com o tempo, passei a ir para Caruaru comprar artesanato e montei outra barraca no mercado local.

Aos 18 anos e noiva, Martha tinha esses dois negócios quando foi aprovada no concurso do Banco do Brasil. A menina da capital, independente e festeira, inserida nos círculos mais refinados de Maceió, foi trabalhar em Porto Calvo, município da Zona da Mata a 96 quilômetros da capital. É o vilarejo mais antigo do estado, fundado em 1636 pelos portugueses, quando ainda fazia parte da capitania hereditária de Pernambuco. Ficou conhecido por ser a terra natal de Domingos Fernandes Calabar (1609-1635), dono de engenho aliado dos holandeses que invadiram o Nordeste e, por isso, tido como o "traidor".

Zumbi dos Palmares (1655-1695), outra figura icônica do período colonial, passou a infância e a adolescência em Porto Calvo. Antes de se tornar líder do Quilombo dos Palmares, ele foi criado pelo padre português Antônio Melo, que o batizou de Francisco e lhe ensinou a ler e escrever. Aos 10 anos ele era o coroinha da igreja matriz Nossa Senhora da Apresentação, única construção do período colonial que resiste em Porto Calvo.

Foi na cidade de Calabar e de Zumbi dos Palmares – segundo o censo de 2010, abrigava 24 mil habitantes e registrava um IDH de 0,586, um dos mais baixos do país – que Martha Medeiros começou a sua vida adulta. De bater ponto em um emprego público, e também de mulher casada e mãe. Em 1º de outubro de 1983 nascia em Maceió o primogênito dos Medeiros, Gelinho, que ganhou o nome do pai.

– Gélio e eu nos casamos em março daquele ano. Eu estava grávida de nosso primeiro filho. Eu era uma menina da Ponta Verde, bairro nobre da capital. Morava em frente à praia, e de repente fui para Porto Calvo, onde a agência do Banco do Brasil ainda tinha argola na entrada para os clientes amarrarem o cavalo – lembra Martha. – Logo no começo, fui morar na casa de uma amiga de uma tia, que tinha adotado doze crianças. Eram dois quartos. Ela dormia em um deles; no outro, dormíamos os treze. O banheiro era do lado de fora da casa.

Diante dos lamentos da filha com a situação precária, a mãe falava:
– Você vai ficar aí, sim. Isso passa.

Nos fins de semana, Martha voltava para Maceió para trabalhar na feira de artesanato. E o choque de realidade acontecia também no trabalho, ao se confrontar com a rotina de um emprego bem burocrático para quem criava, desenvolvia habilidades manuais e empreendia desde nova.

Ela se recorda bem do primeiro dia na agência do Banco do Brasil, em Porto Calvo:
– Como eu era bonitinha, me botaram para atender o público. Cheguei com muita energia. Atrás da minha mesa tinha um armário cheio de relatórios antigos. Olhei um por um, limpei o armário, as gavetas.

Quando faltavam quinze minutos para o fim do expediente, às 17h, o chefe chamou a novata, que imaginou que receberia elogios.
– Dona Martha, a senhora é muito nova. É o seu primeiro emprego, mas, se continuar trabalhando como hoje, vai faltar trabalho – recorda-se ela das palavras do supervisor. E o banho de água fria continuou: – Dona Martha, a gente depende de todo dia 20 cair o dinheirinho na conta. A senhora tem sempre que deixar serviço para os outros dias. Na hora que não tiver serviço, não vai ter mais dinheirinho na conta.

Também funcionário do Banco do Brasil, o marido foi trabalhar numa agência a 100 quilômetros de distância, em São Luís do Quitunde, município ainda menor. Depois de um tempo, o casal decidiu se mudar para a Praia de Paripueira, na região metropolitana de Maceió. Destino turístico, com suas piscinas naturais, foi ali que Gélio e Martha começaram a constituir uma família com dinheiro. Festejavam cada conquista, como o primeiro carro, uma lata-velha caindo aos pedaços.

– Fomos morar numa casa de praia que a mãe do Gélio tinha herdado do pai. Era de taipa. Sempre tive no meu marido um companheirão – diz Martha.

Um dia, o marido anunciou:
– Comprei o nosso carro!

O veículo recém-adquirido estava em São Luís do Quitunde. Lá foram os dois buscá-lo. Martha subiu na moto de Gélio com o barrigão de oito meses do primeiro filho.

– Quando cheguei lá, vi que era uma Brasília sem os pneus, apoiada em cima de vários tijolos – conta ela.

Gélio comprou pneus usados e dois dias depois chegaria finalmente em casa, com aquele carro enferrujado e cheio de buracos no capô, no assoalho e na lateral.

– Era o que o nosso dinheiro nos permitia comprar. Demos o nome de Joventina para nossa Brasília branca. Enchemos a lataria de adesivos com o logotipo do Banco do Brasil para esconder os buracos – relata a estilista, hoje a bordo de veículos importados. – Ganhei prática em empurrar a Joventina. Já andava com um baldinho e um paninho na mão. A bobina esquentava e ela parava a cada quilômetro. Eu descia, botava uma aguinha na bobina e ela andava mais um pouco.

De Paripueira até Maceió, um trajeto de cerca de 30 quilômetros, Joventina parava umas trinta vezes.

– Em vários momentos, a gente não tinha 10 reais para colocar gasolina. Mas a minha felicidade estava acima de qualquer coisa – garante Martha. – Chegava na feira me achando. Ficamos uns quatro anos com a Joventina. O carro que fez a gente mais vibrar ao comprar foi aquela Brasília velha. Muito mais do que ao adquirir uma Land Rover anos depois.

Era preciso muita energia para uma jovem de 20 anos se equilibrar entre o banco e a banca na feira, cuidar da casa, do filho pequeno e se dedicar aos trabalhos manuais e de customização de roupas, mais uma fonte de renda.

– O Banco do Brasil era um emprego seguro, mas já havia passado a época dos bons salários – pontua Martha. O casal complementava a renda com a venda de artesanato e roupas. – Comprava uma camisa branca e bordava. Comprava uma jaqueta jeans, bordava e revendia. Levava sacolas de roupas para vender na agência. Nos fins de semana, continuava com a banca na feira.

Nessa fase, Martha e Gélio iam todos os sábados para a Feira de Caruaru, uma das mais tradicionais do Nordeste, comprar coisas para vender em Maceió. Com o filho no colo.

– Sempre ganhei mais vendendo roupa, mas o banco era uma segurança. Durante anos, os banheiros das agências do Banco do Brasil onde trabalhei foram minha butique – relata a ex-sacoleira e feirante, antes da encarnação como estilista.

Martha ainda tentou terminar o curso de Direito, a duras penas, mas acabou desistindo. A veia empreendedora falava mais alto, e na família prevalecia a máxima de que o único integrante pobre era um tio com diploma universitário, advogado que vivia com dinheiro contado. Era a lógica do avô. Cabeção dizia que, depois de aprender a ganhar dinheiro, filhos e netos poderiam fazer o que quisessem, inclusive estudar.

E o dinheiro do casal era curto. Viajar de férias era um luxo. A Brasília não aguentava estrada. Para uma viagem a Fortaleza, Gélio e Martha tomaram emprestado o carro de um parente. Aquelas férias seriam determinantes para o futuro de Martha como dona de confecção. Sonho que parecia distante para uma mãe de família e bancária que se virava como sacoleira e vendedora de artesanato.

– Em um *camping*, fizemos amizade com dois casais de Minas. Passamos uns dez dias acampando juntos. Quando chegamos a Fortaleza, não havia lugar em hotéis da cidade. Consegui que eles ficassem hospedados na AABB, clube dos funcionários do banco – relata Martha sobre as férias.

De volta a Maceió, para onde o casal havia sido transferido pelo banco, ela recebeu uma sondagem de um dos mineiros, que lhe telefonou para saber se era pra valer o sonho dela de abrir uma confecção. Ele fora avalista de uma fábrica de roupas que quebrou na época do Plano Cruzado. Resultado: deram um calote no banco. Para o avalista, só restava a venda do maquinário para diminuir o prejuízo.

O universo conspirava para um primeiro salto no mundo da moda. Lá se foi a destemida e carismática alagoana para Belo Horizonte, a fim de ver o maquinário de uma fábrica falida durante os sucessivos planos econômicos. Era a espiral inflacionária corroendo a moeda, bem como, por tabela, os sonhos e os empreendimentos de tantos brasileiros nas décadas de 1980 e 1990. Da capital mineira, Martha seguiu de ônibus até Três Marias, o município onde funcionava a tal confecção.

– O ônibus quebrou no caminho e passamos a madrugada inteira esperando socorro – lembra-se a alagoana. – Quando cheguei, meus amigos me levaram direto ao banco. Fui à fábrica, onde havia muitos rolos de tecido, máquinas alemãs ainda na caixa, mesas de corte, tesoura elétrica, equipamentos importados. Coisas que valiam muito.

Era preciso fazer as contas.

– Os salários meu e do Gélio davam para bancar nossos filhos e a prestação do apartamento – calcula Martha. – Não sei em valores atuais, mas só poderia arcar com uma dívida de uns 8 mil reais. O débito da confecção era de uns 180 mil reais.

Refletiu a noite inteira, após o aval do marido e da mãe.

– O raio não cai duas vezes no mesmo lugar. Se você achar que vale a pena, passe o cheque e venha embora. A gente se vira – disse dona Marta.

A filha passou um cheque pré-datado com vencimento para dali a 45 dias.

– O avalista aceitou o acordo e pagou a gasolina para transportar tudo até Maceió – recorda-se Martha, agradecida.

A nova proprietária de confecção daria a largada a uma corrida insana para levantar o dinheiro, que representava vinte vezes o que dispunha em economias e salários.

– Botei o maquinário e o estoque no nosso apartamento em Maceió. Tinha máquina de costura no banheiro, no corredor, na garagem – descreve Martha, que contratou duas costureiras. – Fazíamos roupa durante a semana. No sábado, vendíamos em Arapiraca [a 128 quilômetros da capital].

E, assim, foram juntando o dinheiro para quitar a dívida.

– Passados 45 dias, o credor liga antes de eu depositar o cheque para saber se eu havia levantado todo o montante – recorda-se Martha. – Ele sabia que eu não podia passar cheque sem fundo, porque perderia meu emprego no banco. Já tinha o dinheiro na conta havia três dias.

Começou a funcionar em 1987 a confecção que abastecia a butique improvisada em um dos quartos do apartamento da dona Marta. Mãe e filha se tornaram sócias. Iam fazer compras em Fortaleza, no Rio de Janeiro e em Petrópolis. Voltavam de malas cheias. E Martha desovava o estoque como sacoleira, levando peças para clientes no banco ou em casa. Até abrir a primeira loja, na Galeria 377, na Praia de Pajuçara.

A vida seguia seu rumo, mas a estrela de Martha voltaria a iluminar o caminho para a moda. Em um voo de Belo Horizonte para São Paulo, duas cidades para onde viajava com frequência para abastecer o comércio varejista de roupas que montara em Alagoas, Martha sentou-se ao lado de um desconhecido, que, na troca de amenidades, lhe contou que estava prestes a ser aberto um curso de moda no Senac, em São Paulo. Ao longo dos 45 minutos de voo, a alagoana falante teve a certeza de que seria aluna da primeira turma, cuja aula inaugural estava prevista para fevereiro de

1988. Detalhe: Martha batia ponto em emprego público e era mãe de um menino de 3 anos e de outro de 1 ano e 8 meses.

– Não existia nada daquilo no Brasil. O rapaz contou detalhes do primeiro curso técnico superior de moda com dois anos de duração. Ele me disse para ir lá conhecer – descreve ela, sobre o momento de virada. – Tive a sensação de que a minha vida ia mudar. Do aeroporto eu fui às compras e de lá segui para o Senac. São cenas marcadas na memória. Eu descendo do táxi em frente ao prédio de três andares. Tive a certeza de que iria estudar ali. Moda era o que eu queria fazer na vida.

Palavras que viraram ação, numa sequência vertiginosa de acontecimentos para transferir toda a família de Maceió para São Paulo dali a dois meses. Ao sair do Senac, Martha foi direto para a agência mais próxima do Banco do Brasil.

– Fui direto para a Rua Turiassu, na Lapa. Na agência, fiz uma carta pedindo a minha transferência e a do Gélio. Eu me informara no banco sobre a melhor escola do bairro. Era o Santa Marcelina, onde matriculei meus dois filhos, depois de procurar uma imobiliária para encontrar um apartamento disponível perto da escola. O imóvel estava destruído, mas fechei o contrato assim mesmo – resume Martha sobre seus passos em um dia que marcaria para sempre a sua trajetória.

O furacão Martha comprou passagem para Brasília. No dia seguinte, foi parar na sede do Banco do Brasil, para falar com o diretor de Recursos Humanos. Só embarcou para Maceió com os papéis de transferência para São Paulo assinados.

– Cheguei com a transferência em mãos e informei os planos ao Gélio, que topou essa aventura comigo – diz Martha. – Ele sempre acreditou nos meus sonhos.

No início de janeiro, o casal deixou os filhos na casa da avó materna e viajou de carro para São Paulo para organizar toda a mudança durante as férias. Martha se lembra de entrar no Chevette e dona Marta dizer a Gélio: "Cuide bem dessa menina".

– Minha vontade de mergulhar naquele universo da moda era enorme. Estava aberta para o novo – explica a futura estilista. – São ciclos. Não ia mais ser bancária.

Martha só pediria demissão do Banco do Brasil em 1993, três anos depois de retornar para Maceió com o diploma em moda conquistado em São Paulo. A estilista ainda se recorda da sensação de vislumbrar pela primeira vez a imensidão da Pauliceia do alto, quando veio a São Paulo pela primeira vez:

– Meu Deus, é nesta cidade que quero ser famosa!

Com tal determinação, garantiu a vaga no curso técnico superior de moda. O teste de fogo foi o tête-à-tête com a banca avaliadora. Cada inscrito era convidado a explicar a razão de querer se profissionalizar em moda. A trajetória de bancária e dona de butique em Alagoas contrastava com a de candidatas como a advogada Lucy Góes, dona da marca Lucy in the Sky, voltada para o público jovem, bem conhecida na época. Martha foi aprovada e retornou para Maceió com pouco tempo para a mudança, mas já transferida pelo banco, com apartamento alugado, crianças matriculadas na escola e apoio do marido.

Fora aceita trazendo na bagagem apenas a vontade de aprender, os calos nos dedos de costurar desde criança e as customizações de peças para sua pequena clientela. Era uma estranha no ninho entre futuros estilistas e fashionistas, pela sua rotina de bancária e mãe de família. Precisava mais do que nunca do salário do banco para fechar as contas de uma vida bem mais cara na capital paulista. A força de vontade e a resiliência da futura estilista passariam pelo teste de fogo nos dois anos em São Paulo até a conclusão do curso. Com duas crianças e "dinheiro contado, medido e pesado", Martha costurava, bordava e pintava para complementar a renda familiar. Estudava de manhã. Às 13h, batia ponto no banco.

A rotina na área administrativa ou no caixa se impunha após as aulas, quando um maravilhoso mundo novo se abria. Martha foi aluna de Penha Costa, editora da revista *Manequim*, sucesso entre costureiras com seus moldes encartados.

– Esperava a edição mensal da *Manequim* chegar à banca como quem espera um namorado. E já sonhava em ter uma roupa publicada na revista, que era a primeira publicação de moda do Brasil – lembra-se Martha. – Anos depois, mandei para Penha Costa, pelos Correios, um *top* feito por mim e a peça saiu na capa.

Foi nas aulas de moda no Senac que Martha teve o primeiro contato com Regina Guerreiro, então diretora da *Vogue*, e tantas outras referências no mercado, convidados para dar palestras e cursos. *Outsider*, Martha ia construindo seu percurso peculiar no universo fashion nacional.

Com engenhosidade, ela deu um jeito de assistir a um dos icônicos desfiles de Conrado Segreto, o "enfant terrible" da moda brasileira, que morreria aos 32 anos, vítima da aids, em 1992. O evento na Fundação Armando Alvares Penteado (Faap), em 1990, entrou para a história. O estilista já era o brasileiro de maior sucesso no incipiente mercado. Martha entrou de penetra no desfile produzido por Paulo Borges, que viria a se tornar o diretor criativo da São Paulo Fashion Week, a semana de moda que colocou o Brasil no calendário mundial. A dupla Segreto-Borges marcaria época com eventos para tecelagens e para a Casa Rhodia.

– Os quatro primeiros desfiles foram memoráveis. Saíram em capa de revista, na televisão, página inteira de jornal. Renascia aquela ideia de que tinha criador de moda no Brasil – recorda-se Borges.

Martha participou desse momento com um crachá falsificado de jornalista e voltaria décadas depois à Faap como um dos nomes badalados da exposição "Moda no Brasil: Criadores Contemporâneos e Memórias", em 2012.

– Aquele desfile de Segreto na Faap era a coisa mais chique do mundo. Não me convidaram porque ninguém sabia que eu existia – reconhece Martha, que não se fez de rogada e deu um jeito de estar presente. – O marido de uma amiga do curso era fotógrafo. Ela me disse que ele não tinha interesse em cobrir o desfile, mas estava credenciado. Consegui entrar colando uma foto minha na credencial dele.

Não foi a única vez que Martha entrou como penetra em um evento. Parece novela o relato de como incluiu seu nome na lista de convidados do Consulado Geral da Itália em São Paulo, para um desfile da italiana Raffaella Curiel no requintado Maksoud Plaza.

– Acontecia muita coisa de moda em São Paulo, um mundo que eu só via nas revistas. Muitos donos de confecção tinham contas na agência da Turiassu. Um dia, estava levando um papel para o meu gerente assinar, enquanto ele conversava com uma cliente que comentava que ela e o marido tinham sido convidados para um desfile de uma estilista italiana, mas que não poderiam ir, pois estariam em Nova York – recorda-se.

Martha não só compareceu, como se fez notar pela dona da festa, arranjando, como sempre, um jeito de ser convidada.

– Sou fulana, recebi um convite para ir ao desfile da Raffaella Curiel, mas meu marido viajou para Nova York e levou o convite na pasta.

O que devo fazer para ir ao evento? – perguntou Martha, ao ligar para o consulado, passando-se pela convidada.

Ao conferir os nomes dos empresários na lista, a atendente disse que ia alertar o cerimonial sobre o fato e que ela poderia retirar um novo convite. Além de agradecer a gentileza, ela informou que a sua secretária Martha Medeiros iria tratar da questão. E lá foi ela fechar o golpe do convite. Saiu às pressas do banco, alegando um problema urgente em casa.

– Troquei de roupa e fui para o consulado – detalha ela sobre o truque.

Foi informada de que não dispunham mais de convites, mas que poderia incluir o nome entre os confirmados. Sem hesitar, escreveu o próprio na lista de presença. Aproveitando-se da sorte, incluiu o da mãe e o de uma prima. A inclusão de mais uma parente tinha razão prática: Simone era dona de um Escort, o carro nacional mais caro da época. A prima ficou surpresa com o fato de Martha ter sido convidada para uma festa tão exclusiva, mas vibrou ao saber que iria como acompanhante. Era preciso garantir a roupa para a noite de gala. Martha seguiu para a 25 de Março, rua de comércio popular, onde comprou tecido e acessórios.

– Sempre estudei moda, lia muito e tinha visto que na Europa a tendência era *pink* fluorescente – pontua Martha.

Subiu e desceu a ladeira Porto Geral até encontrar um tecido na cor neon para fazer um modelito no estilo Jeannie, de *Jeannie é um gênio*, sitcom norte-americana dos anos 1960 estrelada por Barbara Eden.

– Além de *pink*, era um modelo franzido tomara que caia. Prendi meu cabelo em um rabo de cavalo, como a personagem – descreve ela, sobre o *look* exuberante e sexy, que destoava da sisudez do inverno paulistano em um julho gelado, quando o trio chegou ao hotel mais sofisticado da cidade.

As acompanhantes de Martha estavam vestidas de preto, mais apropriadas ao *dress code* da noite.

– A festa era para 1.000 pessoas, 999 estavam de preto e eu de *pink* fluorescente – admira-se, entre risos. – Cheguei na festa me sentindo poderosa, mas, ao ver um monte de mulheres com casacos de pele, fui murchando.

A prima então se deu conta de que eram penetras em meio a personalidades da sociedade paulistana e da tevê, entre elas Hebe Camargo e Pepita Rodrigues, um mundo encantado e distante para a bancária que sonhava ser uma estilista famosa.

– Como estava com a bola murcha, no jantar pegamos a última mesa. Até que vi todas as manequins desfilando de *pink* neon. Peguei minha cadeira no fundo e fui pedindo licença, até me sentar ao lado da passarela – descreve a penetra.

Ao final do evento, Martha deu entrevista como uma das mais elegantes. Aproximou-se da estilista, que, ao saber que ela era uma estudante de moda, ofereceu-lhe um estágio na Itália. Desta vez, o furacão Martha se conteve. Ao final de dois anos de aventuras e aprendizados, Martha conquistava o primeiro diploma superior, que, brinca, soma-se ao de datilografia.

Nessa primeira temporada do casal em São Paulo, Gélio Medeiros fazia hora extra no banco todos os dias, para equilibrar as contas no final de cada mês.

– Sempre acreditei no dom da Martha, ela já nasceu para fazer roupa e vender. Eu ficava na retaguarda – diz o marido, suporte necessário para o talento da companheira florescer. – Martha ia atrás do seu sonho com a certeza de que eu segurava o tranco com os meninos e as despesas.

O apoio era fundamental para os próximos passos da dona de butique minúscula que iria se tornar proprietária de multimarcas de grifes famosas e estilista reconhecida. A nordestina mirava alto. Primeiro era preciso conquistar a meca da moda nacional. A aposta era arriscada: no feito à mão, na renda renascença, matéria-prima relegada ao artesanato barato. Pelas mãos calejadas da alagoana, o rendado ganharia sofisticação. Uma década depois, um vestido sob medida Martha Medeiros custaria tanto quanto um Dior ou um Valentino.

Capítulo 3

A BUTIQUE DELA NA *CARAS*

De São Paulo, Martha Medeiros continuava pilotando a distância os negócios em Maceió, onde a mãe, dona Marta, tocava a lojinha numa galeria comercial na beira da praia. Era uma via de mão dupla: ela fazia compras de tecidos e roupas na capital paulista para abastecer a butique em Maceió e voltava com malas cheias de peças da confecção própria para vender em São Paulo. A sacoleira ajudava a fechar as contas da lojinha, pagar os boletos e aumentar o faturamento.

Mãe e filha tocavam a sociedade na Martha's Boutique e abraçavam as oportunidades, como a de mudar a loja da parte interna da modesta galeria para um ponto com vista para o mar.

– Passamos para uma loja da frente e minha mãe se desdobrava para dar conta de tudo durante os dois anos em que fiquei estudando em São Paulo – afirma Martha. – Eu voltava de vez em quando para Maceió, quando conseguia tirar uma semana de folga do banco. Chegava na sexta-feira à noite, levando rolos de tecido. Cortava e fazia as roupas noite adentro, e no meio da semana já tinha peças suficientes para organizar um desfile, que eu mesma apresentava.

Os desfiles aconteciam em lugares improvisados: em casa de chá e em uma lanchonete chamada One Way. Martha convidava jovens bonitas da capital alagoana para desfilar. Uma delas é a influenciadora digital alagoana Aline Rijo, que aos 14 anos subia pela primeira vez na passarela, endossando criações da Martha's Boutique.

– Meu marido me viu desfilando naquela lanchonete e disse que iria se casar com "aquela moça da passarela". Começamos a namorar quatro anos depois e estamos casados há 25 – relata Aline, ao participar de um evento da já consagrada estilista, em Maceió, duas décadas depois, em 2020. – Martha Medeiros deu uma leitura de luxo ao que é mais genuíno em Alagoas: a renda filé, a renda de bilro e a renda renascença.

A cada escapada para a terra natal, Martha produzia desfiles que ajudavam a consolidar os negócios. Ela se recorda de um evento em especial, durante o Open de Tênis de Maceió.

– Fiz as roupas, chamei as amigas para desfilar na quadra central, com plateia cheia. Deixava a passarela com as manequins sob aplausos, carregava as roupas na cabeça, levava para o outro lado da rua, onde ficava nossa loja, e já colocava para vender. Vendia tudo – descreve ela, sobre o corre-corre de lojista, dona de confecção e *promoter* de si mesma. – Sempre foi assim. Nunca esperei as coisas acontecerem.

Uma maratona de corte, costura e vendas que acabava no domingo à noite, quando retornava a São Paulo com o caixa refeito, após uma semana de "folga" na terra natal. As informações de moda que Martha agregava faziam a diferença e ajudavam a turbinar as vendas na Martha's Boutique.

– Ficava sabendo que Versace fez um desfile na Itália com modelos em preto e arabescos dourados. Na mesma semana, eu comprava rolos daquele tecido. Isso acontecia com cada tendência desfilada na Europa – explica a empresária.

Era uma vantagem competitiva numa época pré-internet, quando o universo da moda era bem mais distante. Conectada com as últimas novidades das passarelas internacionais, a loja da galeria foi ficando pequena. As sócias resolveram se estabelecer em uma área promissora da capital alagoana. Ponta Verde era então um bairro novo, com seus prédios de luxo e uma clientela que a Martha's Boutique queria atrair.

– É o bairro onde está a nossa loja até hoje. Nos mudamos para um ponto de esquina anos depois – diz Martha. – Mas chegamos na Ponta Verde numa loja pequenininha, numa galeria chamada Porto Dourado.

A multimarcas passou a vender as criações do Grupo Mineiro de Moda, que reunia grifes de sucesso, como Patachou. Foi ali que Martha promoveu o primeiro desfile mais sofisticado, para uma clientela cinco estrelas da capital alagoana. Só que a estreia foi para um público mais do que restrito: duas clientes e uma colunista social paga para comparecer ao evento.

– Fiz o desfile só para a Fafá e a Celeste, duas amigas, e Cândida Palmeira, colunista social que recebeu 50 reais para ir, além de mamãe, uma funcionária da loja e o motorista – elenca a anfitriã. – Mas fiz com o mesmo cuidado, como se estivesse desfilando em Paris. Saiu no jornal porque eu paguei.

Nada que desanimasse a resiliente microempresária. Em 1990, Martha retornou a Maceió com o diploma debaixo do braço. Permaneceu outros três anos no Banco do Brasil. Após doze anos de carreira, decidiu pedir demissão. Em 1993, passaria a se dedicar integralmente aos negócios. A essa altura, as sócias da Martha's Boutique haviam comprado a loja vizinha e vendiam grifes nacionais de destaque, como Glória Coelho, Rosa Chá e Reinaldo Lourenço. E foram crescendo no bairro novo, numa galeria com uma dúzia de lojas. Numa reunião com os lojistas, sugeriu transformá-la em ponto turístico.

– Todos riram da minha cara. Não acreditavam que as pessoas iriam sair do Iguatemi de São Paulo para comprar na galeria Porto Dourado. Respondi ao deboche dizendo que só dependia do produto que colocássemos à venda – diz Martha.

Intuitivamente, ela sabia que para ser universal era preciso valorizar o local. Olhar para a riqueza cultural do Nordeste já era marca dos negócios dela desde a feira de artesanato.

Tino comercial e veia criativa andavam lado a lado. A dona de loja e a criadora de moda dentro de Martha entravam em choque, no entanto, quando era obrigada a fazer as liquidações de final de estação para queimar o estoque e abrir espaço aos lançamentos. O que é praxe na moda é uma tortura para a estilista alagoana.

– Sempre tive horror a liquidação – admite. – Para mim, roupa é para valer mais a cada dia. Não vejo lógica em custar 50% ou 70% menos na semana seguinte.

Em época de queima de estoque, as vendedoras pediam a Martha que ficasse bem longe da loja. Era o momento do ano em que a dona procurava investir em uma moda autoral, que chamava de Martha's Secret, inspirada na Victoria's Secret.

– No período que ia de janeiro até o Carnaval, eu produzia minhas peças, que expunha em uma arara fora da liquidação para atender minha clientela ávida por novidades – explica Martha, sobre os primórdios do seu trabalho artesanal e fashion. – Já fazia tudo nas cores da próxima estação.

Os *tops* e jaquetas customizadas por Martha faziam muito sucesso. Assim como a arara especial com peças de renda que ela produzia a cada verão para ter produtos diferenciados fora da liquidação, que se destacavam em meio a criações de estilistas renomados, carros-chefes da multimarcas.

– É isso aqui que eu quero – apontava Dilma Moura diante de vestidos bem autorais de renda e bordados produzidos pela Martha's Secret. A professora aposentada fazia suas caminhadas diárias, interrompidas para apreciar a vitrine da Martha's Boutique.

– Quando é que você vai ter uma loja só com suas roupas? – inquiria ela para Martha. – São as mais bonitas da vitrine. As outras a gente encontra em todos os lugares.

E o que tinha de especial naquelas criações? A renda filé que Martha redescobrira na periferia de Maceió.

– Como sempre estudei moda e sabia o que ia ser tendência na próxima estação, eu me adaptava ao que tinha à mão. Fui atrás de rendeiras que viviam na beira da Lagoa Mundaú, a quinze minutos do Centro de Maceió – relata Martha, que ao chegar lá saía perguntando se alguém conhecia rendeiras que faziam peças de boa qualidade. – Foi assim que me indicaram uma casa de sete mulheres chamadas Maria. Encontrei Maria Cícera, a matriarca, e suas filhas. Além de encomendar as rendas produzidas por elas, que eram muito bem-feitas, passei a fazer roupas e bolsas junto com as sete Marias. As peças de renda bem coloridas que elas faziam eram vendidas a preços populares em feirinhas de artesanato. Passei a fornecer a elas uma linha de boa qualidade e a comprar toda a produção para abastecer a arara especial na multimarcas. Era colocar na loja e vender. Fazia sucesso todos os anos.

A renda fashion virou um ótimo negócio para a Martha's Boutique e também para as rendeiras.

– Girava um bom dinheiro para as Marias. O suficiente para trocar a televisão, reformar a casa. Eu comprava muita renda nesse período – conta a estilista. – Mas depois do Carnaval e com o fim da liquidação, eu esquecia as rendeiras. E só aparecia de novo na próxima liquidação.

Foi assim que o trabalho em renda e o toque artesanal de Martha Medeiros começaram a ser reconhecidos localmente. Uma cliente fez a diferença nesse processo de valorização das criações da alagoana: a advogada Fernanda Vilela, filha de Teotônio Vilela, político alagoano conhecido nacionalmente como o Menestrel das Alagoas, por sua luta pela liberdade política e pela redemocratização do Brasil como senador pelo Partido do Movimento Democrático Brasileiro (PMDB). Cosmopolita e colecionadora de arte, Fernanda era referência para uma elite de altíssimo poder aquisitivo que ainda ignorava o trabalho de alta-costura feito por uma conterrânea.

Enquanto as clientes mais chiques e endinheiradas optavam pelos estilistas nacionais mais badalados à venda na multimarcas Martha's Boutique, Fernanda Vilela escolheu um modelo by Martha Medeiros para ir a uma festa da empresa do marido, a Sococo, uma das maiores indústrias do estado.

– A dona da festa escolheu um vestido inteiro de renda feito por mim. Ela, que só usava Armani, apareceu em um modelito de renda filé produzida pelas rendeiras da lagoa – recorda-se Martha, que ganhou ali uma cliente de sua futura marca de alta-costura. – Se tinha uma festa na casa de Giorgio Armani, na Itália, lá ia Fernanda com um rendado Martha Medeiros. Prestigiou minhas criações desde antes da fama.

Foi com o patrocínio da Sococo Indústrias Alimentícias que Martha realizou um evento de moda que marcaria sua trajetória e levou a Maceió alguns dos nomes mais importantes do mundinho fashion nacional: o então fotógrafo de moda mais badalado do Brasil, Fernando Louza, Monica Serino, diretora da *Marie Claire*, e a papisa da área, Regina Guerreiro, lendária editora da *Vogue*.

– Ia fazer um desfile, mas não tinha dinheiro para fazer as roupas. Fernanda Vilela ligou para a empresa do marido e conseguiu um patrocínio de 8 mil reais para eu poder comprar os tecidos e pagar as rendeiras – relata Martha, que desfilou vinte criações próprias.

O curso de moda abrira a cabeça e várias portas para Martha. Aquelas que permaneciam fechadas, a estilista nordestina foi escancarando com carisma e persistência. A intrépida ex-aluna do Senac não tardou a colocar a capital de Alagoas no mapa da moda nacional. É hilário o processo de convencimento para Regina Guerreiro sair de Paris, onde se estabelecera após deixar o comando da *Vogue*, para ir a Maceió assistir a um desfile de uma desconhecida. É também revelador do estilo da alagoana de não aceitar um não como resposta.

Martha descolou o telefone de Regina em Paris e ligou:

– Aqui é Martha Medeiros, quem me deu seu telefone foi o Fernando Louza – apresentou-se, sem se dar conta da diferença de fuso horário.

– Ô, filhinha, onde você está? Porque onde eu estou são 3h da manhã – respondeu Regina.

Martha se desculpou e ligou de novo em um horário decente:

– Regina, eu tenho multimarcas e confecção, estou começando a fazer umas peças e gosto muito do que você escreve. Queria que viesse conhecer meu trabalho em Maceió.

A resposta de Regina foi objetiva:

– Filhinha, pois não. É uma passagem na classe executiva e mais 10 mil euros.

Sem recursos para bancar nem mesmo as roupas que iria desfilar, Martha já sonhava com a repercussão de suas criações em veículos nacionais. Megalomania ou ousadia de alguém que sabia que tinha o que mostrar. Foi franca com a convidada:

– Olha, Regina, se juntar tudo o que eu tenho, dá para pagar a passagem na econômica e te oferecer 400 euros.

Regina respondeu na mesma toada:

– Mas, filhinha, por esse preço é melhor eu ir de graça.

– Então, ótimo! Você pode vir quando? – retrucou Martha.

O episódio é rememorado às gargalhadas. Martha conseguiu ter a jornalista de moda mais reverenciada do país na primeira fila do desfile de sua modesta marca. Foi um acontecimento com cobertura pela mídia local, dominada pelos veículos ligados à família do ex-presidente Fernando Collor de Mello, como a Gazeta de Alagoas, a TV Globo local.

Ao ser entrevistada, a convidada de honra foi só elogios:

– Eu achei o desfile muito simpático, tudo de muito bom gosto.

A anfitriã resolveu provocar a fera, conhecida pelo rigor:

– Nossa, Regina, você me decepcionou. Meu sonho era trazê-la aqui, mas amo o seu veneno e você está toda boazinha.

A provocação surtiu o efeito desejado. Regina respondeu no mesmo tom:

– Não se preocupe, querida. Amanhã cedo esteja no hotel às 9h, que você o beberá.

No horário marcado, lá estava a estilista alagoana no hotel 5 estrelas, onde alojara sua convidada. Queria ouvir o veredito da mulher que podia derrubar ou alavancar carreiras com suas críticas. E Martha relembra cada palavra:

— Ela me disse que o corselete que abriu o desfile, todo bordado em miçanga, deveria estar abrindo o desfile de Dolce & Gabbana. Era uma peça de altíssima costura, moderna, perfeita. Em compensação, ela achou as peças com fuxico dourado e lantejoulas horríveis – rememora. – Você pega aquela pecinha e joga no lixo. Não, querida, melhor queimar – emendou a papisa da moda. – Você tirou toda a originalidade de um fuxico. Botou aquela coisa barata de paetê em cima. Ele é chique por si só. Pela técnica. Não precisa ser dourado. Virou um nada – decretou Regina, em uma aula que valeu a viagem.

A humildade de aprender contrasta com a vontade férrea de se destacar, de ser reconhecida pelo talento. Martha também pintava e bordava a própria imagem, quando decidiu lançar uma revista da sua multimarcas: a *Martha's Fashion*. Misto de *egotrip* e ferramenta de marketing e vendas.

— Eu costumava sair na *Gazeta de Alagoas*, o principal veículo local, mas eu queria mais espaço na mídia. Por isso, criei a *Martha's Fashion*, uma revista na qual eu só falava de mim e dos meus produtos. Da capa à última página – explica a *publisher*. – Era muito engraçado, mas eu fazia com profissionalismo. A Daslu [multimarcas de luxo que pertencia a Eliana Tranchesi, em São Paulo] começava a despontar no cenário nacional e eu copiava muita coisa da principal multimarcas brasileira, que tinha uma publicação própria.

O sonho de consumo da estilista alagoana, conhecida apenas nos limites do próprio estado, era sair na revista *Caras*, fenômeno do jornalismo de celebridades na década de 1990. Para chegar lá, Martha percorreu uma verdadeira via-crúcis. A primeira estação era ligar semanalmente para a redação em São Paulo, até conseguir passar pelo bloqueio da secretária da então diretora de redação, a jornalista Andrea Dantas.

— Eu sonhava em sair na *Caras*. Eu ligava e insistia com a secretária dizendo que eu precisava falar com a responsável pela revista – relata a alagoana. – Até que um dia a própria Andrea Dantas não aguentou mais a minha insistência e atendeu. E ouviu: – Não desligue, por favor, você não me conhece, mas eu vou ser famosa e quero sair na *Caras*.

A jornalista deu o caminho das pedras para que um evento regional ocupasse as páginas da publicação naqueles tempos áureos, em que a *Caras* era obrigatória em todos os salões de beleza e consultórios médicos. Artistas de primeira grandeza batiam ponto no Castelo de Caras e na Ilha de Caras. E a dona de uma butique em Alagoas queria fazer parte daquele mundo encantado, uma alavanca importante para os negócios.

– A lista que a diretora de redação da *Caras* me passou era grande e começava com convidadas com cara de rica e presença obrigatória de figuras conhecidas, como a ex-primeira-dama Rosane Collor – enumera Martha. – Teria de garantir quatro artistas da Globo e uma grife internacional no desfile, além de água e champanhe franceses.

Martha desligou o telefone com um "aguarde notícias". E foi produzir o evento, que parecia impossível. Embarcou para São Paulo para convencer a diretora de marketing da Dior no Brasil na época, Andrea Funaro, a desfilar em Maceió. Feito o acordo, o passo seguinte era contatar os agentes de estrelas globais. E convidar jornalistas de moda para cobrir o evento, como Lilian Pacce, apresentadora do programa *GNT Fashion*.

– Pagando cachê, consegui levar para Maceió o ator Murilo Rosa e a cantora Wanessa Camargo – conta Martha, que provou para Andrea Dantas que não estava brincando.

A diretora da *Caras* também cumpriu o prometido para a alagoana insistente. Fez a cobertura, incluindo a montagem de um estúdio para fotografar os convidados, com o *backdrop* da revista. Martha seguiu à risca a recomendação de colocar os ricos e bonitos na primeira fila e garantir imagens glamorosas. Mas precisou resolver um problemão: o que faria com as clientes anônimas que iam querer aparecer na *Caras*?

– Não tinha como escolher as fotos nem quem seria fotografado, pois não era matéria paga nem propaganda – explica Martha. – Andrea Dantas disse que eles iriam escolher quem ia aparecer na revista. Então, contratei um fotógrafo e fiz um segundo estúdio para fotografar as melhores clientes. Quando chegava uma cliente linda, eu levava para o estúdio da *Caras*. Se não era o tipo pedido pela revista, eu encaminhava para o segundo – diverte-se Martha.

A engenhosidade e insistência de Martha garantiram páginas preciosas na edição nacional de *Caras*, mesmo com um evento regional.

– Ela reuniu tanta gente, que não saiu nas seções regionais, mas na nossa edição nacional – elogia Andrea Dantas, que ocupou diversos cargos na *Caras* de 1996 a 2007, entre eles o de diretora de redação e diretora executiva editorial, quando teve a oportunidade de acompanhar os vários momentos da carreira da estilista.

Andrea Dantas provou a tenacidade da alagoana que tinha o dom da autopromoção. Sem equipe de marketing e comunicação, era ela mesma que fazia as vezes de relações-públicas e assessora de imprensa do próprio trabalho.

– Martha sempre foi simpática, obcecada e muito inteligente – elogia a jornalista. – Ela entendeu que a *Caras* era boa para os negócios, ajudava a vender para clientes de todo o Brasil, por mais que os metidos de São Paulo virassem a cara por achar que não era de bom-tom sair na revista. Muita gente renega a *Caras* depois de ficar famosa, Martha não.

A alagoana foi inteligente para entender como chegar às revistas de moda, depois de abrir espaços em publicações de corte e costura e de celebridades.

– Martha Medeiros usou a *Caras* para chegar na *Vogue* – resume Andrea Dantas. – Fazia o jogo bem jogado.

– Só saíram na *Caras* as "the best", tá entendendo? – orgulha-se Martha, rindo das peripécias para driblar a clientela e a edição da revista. – Foi também minha primeira aparição na *Caras*. Até então eu só tinha saído na *Martha's Fashion*, que eu distribuía na São Paulo Fashion Week.

A estilista alagoana levava um monte de revistas da sua multimarcas de Maceió para entregar para os famosos na primeira fila dos desfiles da semana de moda.

– Tirava foto deles folheando a *Martha's Fashion* e publicava na edição seguinte – relata. – Foi assim que fiz a minha marca. Dificuldades me motivam. Sempre vou atrás do sim.

Martha é movida pela certeza de que, se mentalizar seus desejos, ela vai encontrar a forma de realizá-los. Essa fé inabalável em si mesma e a vontade de atrair os holofotes para a marca aparecem em episódios em que o destino colocou, ainda que de forma torta, oportunidades no caminho da estilista. É o caso de um encontro na loja da Rua Melo Alves com um assistente da *Vogue*, que passara para pegar uma roupa para um editorial e deixou escapar que a publicação ia fazer um especial para celebrar os vinte anos de carreira de Gisele Bündchen.

A informação desencadeou o modo Martha de agir.

– Na mesma hora eu mandei mensagem de WhatsApp para Daniela Falcão – recorda-se a estilista, referindo-se à então diretora de redação da *Vogue*, a figura mais poderosa do mundo da moda no país naquela época, à frente da publicação internacional da Condé Nast em terras brasileiras.

"Olá, Daniela, fiquei sabendo do especial de vinte anos de Gisele. Nossa roupa tem o DNA 100% Brasil, seria perfeita para o editorial", escreveu Martha para a todo-poderosa da revista.

Daniela respondeu com a mesma franqueza e jogando um balde de água fria nos devaneios da estilista alagoana. Reconhecia o fato de Martha Medeiros ter o DNA brasileiro, mas afirmava com pragmatismo que no especial seriam prestigiadas peças dos parceiros de sempre, e não de uma marca que se apresentava para vestir Gisele. A diretora da *Vogue* Brasil encerrou a conversa abrindo a possibilidade de incluir uma criação da estilista no rol dos modelos a serem apresentados à top, mas sem garantia de que sairia no editorial.

O que parecia um não foi lido ao contrário por Martha:

– Eu só ouço o que eu quero. Li aquela resposta assim: "Martha, querida, é óbvio que separei dez páginas da revista para você". Saí da loja direto para a fábrica. Preparamos sete peças para serem apresentadas à Gisele. Mandei um cabide pesando uns 40 quilos e o entreguei para o assistente horas antes do voo, com a recomendação de que ele só abrisse em Nova York – relata Martha, com a vibração de quem comete uma traquinagem.

Passados vinte dias, ela recebe um telefonema de Donata Meirelles, diretora de estilo da *Vogue* na época, dizendo que Martha lhe criara um problema sério.

– Nossa, Donata, eu só existo para lhe causar felicidade – rebateu a alagoana.

Segundo o relato da então diretora de estilo da *Vogue*, Gisele olhava as peças na arara e escolhia sempre uma das enviadas por Martha Medeiros, que apareceram em várias páginas daquele editorial histórico.

Capítulo 4

EM BUSCA DO TESOURO ARTESANAL

"**M**artha Medeiros colocou a palavra renda na moda brasileira." O veredito é da consultora e curadora Jussara Romão, uma das primeiras jornalistas de moda do Brasil a reconhecer o papel da estilista alagoana no resgate da tradição milenar pelo uso da matéria-prima na alta-costura. Um ciclo positivo que acionou engrenagens de mercado para valorização do trabalho artesanal de milhares de rendeiras do Nordeste.

– A renda é o mais refinado artesanato nacional, feita por artesãs detentoras de um precioso conhecimento ancestral. É o verdadeiro luxo do Brasil – declara a estilista que desbravou o sertão para resgatar a arte do rendado perdida em rincões do sertão brasileiro.

Essa é uma história que remonta aos séculos XV e XVI na Itália, daí o nome original: renda renascença, técnica têxtil nascida no Renascimento, período que marca a transição do feudalismo para o capitalismo, com grande impacto nas artes, na filosofia e nas ciências.

A renda nasceu nobre. Usada por reis, como Henrique II, da França, que ocultava uma cicatriz no pescoço com o bordado que adornava o colarinho rígido e plissado. Depois de se tornar moda entre a realeza, chegou à burguesia no século XVII. Levaria dois séculos para a técnica desembarcar no Brasil, pelas mãos habilidosas de freiras que a ensinavam em conventos e colégios religiosos. No século XX, resistia em mãos calejadas de nordestinas, que fazem da técnica um meio de subsistência e transmitem a arte de geração a geração.

Grande parte da produção brasileira atual de renda está concentrada no Cariri e no sertão verde da Chapada do Araripe, na divisa de Paraíba, Pernambuco e Ceará, onde centenas de artesãs criam bordados exclusivos.

Responsável pela inserção das mulheres no mercado de trabalho, a atividade artesanal responde pelo sustento de inúmeras famílias nordestinas.

Quando as freiras europeias ensinavam a técnica nos conventos, a renda era usada só em punhos e golas, como era costume entre os nobres. Ao chegar ao Brasil, começaram a fazer a roupa toda em renda, por causa do calor. Os plebeus passaram a usá-la e os nobres não gostaram. A tal ponto que o Marquês de Pombal, um déspota esclarecido que governou Portugal e suas colônias com mão de ferro, baixou um decreto proibindo a plebe de usar renda no Brasil. É nesse contexto histórico que a renda chega aos trópicos e se aclimata, em uma tradição que passa de mãe para filha. A cultura da renda foi implantada a partir do litoral até chegar aos rincões do país, com técnicas que ganham especificidades de acordo com a região.

Em "Rendas que se tecem, vidas que se cruzam", dissertação de mestrado de Gezenildo Jacinto da Silva, apresentada em 2013 no Departamento de História da Universidade Federal de Pernambuco, o historiador revisita a trajetória da renda nos municípios de Pesqueira e Poção. "Aquela que temos hoje na região não é de origem francesa, belga, veneziana, inglesa ou alemã. Carrega um pouco de todas elas, acrescida das experiências vivenciadas pelas rendeiras do município em sua prática diária", diz o texto. Entre as influências na formação da cultura rendeira local, o autor cita mulheres que haviam estudado em colégios administrados por freiras de diversas nacionalidades, como as Irmãs Doroteias, de origem italiana; as Damas Cristãs, de origem belga; as Irmãs Beneditinas Missionárias de Tutzing, de origem alemã; e as Irmãs do Colégio de Santa Teresa, de origem francesa. "Em todos esses educandários havia aulas direcionadas para a formação feminina de práticas de atividades do lar, como cozinhar, bordar, costurar e tecer rendas."

Essa mistura de estilos e técnicas resultou em uma renda *made in Brazil* rica e diferenciada.

"Fiquei convencido de que a rendeira não precisa mais falar sobre as origens europeias da renda. Quando se referir à renda renascença, basta falar o nome com orgulho, e dizer que essa renda foi apropriada pelo povo simples do Agreste pernambucano desde a década de 1930", conclui o historiador.

Entre os tipos mais comuns de renda brasileira estão a filé (trazida pelos portugueses durante a colonização e difundida entre as comunidades de pescadores); a renascença (popularizada por freiras europeias, cujo polo é a região do Cariri, na Paraíba e em Pernambuco); e a de bilro (típica de localidades como São Sebastião, no agreste alagoano, e Florianópolis, é feita com a ajuda de um artefato de madeira em que são enrolados os fios têxteis).

Para Martha Medeiros, existe uma renda brasileira genuína e única, em suas variadas técnicas e tramas, resultado desse caldeirão cultural que é o Brasil.

– A renda já tem um jeito brasileiro – atesta a estilista. – Com o passar dos anos, acho a nossa bem mais bonita. Tive a oportunidade de ver a produção atual na Itália, uma renascença com ponto pequeno, bem diferente da que é feita no Brasil. E por lá a renda foi praticamente extinta.

Com a popularização entre aristocratas e burgueses, a renda passou a ser produzida em vários países, como Alemanha, Bélgica, Espanha, França e Itália, cada qual reivindicando para si a primazia de sua invenção. Há distinção de pontos de acordo com a região, mas se trata de uma mesma técnica. Basicamente, a renda pode ser dividida em duas categorias: as de agulhas e as de bilros. Após cair em desuso pela nobreza e pela alta burguesia, a renda passou a ser utilizada em toalhas, colchas, panos de prato e porta-copos. Continuou a enfeitar mantas e mandriões em enxovais de bebês ricamente decorados.

Embora produzida a partir de materiais simples, a técnica requer muita precisão, habilidade, paciência e maestria no ato de criação. Nesse processo de resgate e inovação, a alta-costura brasileira tem papel relevante. Grandes nomes da moda vêm contribuindo para o fortalecimento e reconhecimento desse trabalho manual. Com destaque aparece Martha Medeiros, que fez dessa renda feita à mão a matéria-prima de coleções que ganharam aplausos e clientes do mundo artístico e da moda no Brasil e no exterior.

A renda brasileira tem caras, cheiros, histórias e múltiplas paisagens para a estilista alagoana nascida na capital. Desde os 18 anos, Martha Medeiros desbrava o sertão nordestino, o vasto semiárido brasileiro. São quatro décadas de viagens pela região marcada por longos períodos de estiagem e vegetação seca da caatinga. Em busca do produto artesanal, a estilista converteu-se em andarilha do sertão, por paragens que se estendem pelos estados de Alagoas, Bahia, Ceará, Paraíba, Pernambuco, Piauí, Rio Grande do Norte e Sergipe.

– O sertão sempre foi a minha Disney – define Martha.

Em suas andanças, a estilista foi desenhando um mapa personalizado da região, de acordo com os seus interesses pelo rico e variado artesanato regional, até chegar à renda. Movida por um interesse genuíno pelos trabalhos manuais de artesãos, artistas populares e rendeiras, a jovem comerciante começou seu périplo pela tradicional Feira de Caruaru, mas ao longo de três décadas foi se embrenhando pelos múltiplos sertões.

A Feira de Caruaru, tradicional entreposto de artesanato da cidade pernambucana, sempre foi um convite para alguém como Martha, que mirava o mundo de olho no próprio quintal. A cada quinze dias, ela ia à capital regional do artesanato nordestino para abastecer as próprias barracas com produtos artesanais variados. Vencia os 197 quilômetros que separam Maceió do município do estado vizinho, em viagens de três horas de carro. Um mergulho em sons, sabores, texturas que fazem a riqueza da cultura nordestina, e sobretudo a sertaneja, marcada pelas mãos calejadas de artesãos que trabalham o couro, o ferro e os tocos retorcidos que enfeitam as paisagens da seca. Riqueza expressa em pratos típicos à base de mandioca e frutas típicas, da região, como o caju. E também numa infinidade de produtos típicos, como fumo de rolo, cestos de palha, redes, tamboretes e os tradicionais bonecos de Mestre Vitalino (1909-1963). Nascido em Caruaru, o artesão ganhou fama com suas figuras de barro que retratam a vida e o povo sertanejos.

Era em busca de artistas desconhecidos e talentosos que Martha percorria a feira, de onde garimpava ouro artesanal para vender na capital alagoana. Um olho clínico apurado ao longo de muitos anos para encontrar diferenciais na sofisticação do feito à mão.

– Andava pelo sertão atrás de artesanato desde que abri a primeira barraca na Feira de Artesanato da Pajuçara, onde vendia minhas roupas para boneca. Depois, para abastecer as outras duas barracas no mercado central – conta Martha, que tinha no marido, Gélio Medeiros, seu fiel escudeiro nas andanças. – Viajávamos a cada quinze dias, sempre aos sábados, com nosso filho bebê, com destino a Caruaru e outras cidades tradicionais de artesanato, como Carpina, Bezerros, Tracunhaém.

A busca pela renda começaria mais tarde, em 2002, quando Martha passou a investir em uma moda mais autoral. Descobriu a casa das 7 Marias na periferia da capital alagoana e, depois, uma legião de rendeiras no interior, que abasteceriam uma produção crescente de peças de renda, com toque fashion, mas ainda restrita ao período das liquidações, quando eram comercializadas em sua primeira butique, em Maceió. A escala viria com a expansão para São Paulo, a partir de 2008.

Foi em um museu, o Centro de Artesanato de Pernambuco, em Bezerros (PE), que Martha encontrou o mapa da mina para chegar às rendeiras mais habilidosas do sertão. A engenhosidade e o valor artístico do trabalho manual de homens e mulheres simples do sertão ganham visibilidade em um galpão localizado ao longo da BR 116. O modesto museu é repositório de 680 peças tombadas, de máscaras de Carnaval a uma instalação de uma casa de farinha do mestre Saúba, artesão da cidade de Carpina.

– Vi no museu de Bezerros os trabalhos de duas pessoas que me chamaram atenção. Uma delas era Rosa, que fazia uma renascença colorida, e a outra era uma rendeira de Jataúba, cujo nome já não me recordo – relata Martha, sobre as primeiras incursões em busca das artesãs mais renomadas do agreste.

Com referências vagas de peças diferenciadas de renda expostas no Centro de Artesanato, Martha saía para sua caça ao tesouro sertão adentro.

– Eu não tinha endereço nem telefone das rendeiras. Só o nome da pessoa ou de um sítio, povoado ou cidade – explica Martha, que chegava à localidade e ia perguntando de casa em casa. – Em Jataúba e em Poção, saí batendo de porta em porta. Foi assim que encontrei a Ozita, em São Sebastião do Umbuzeiro. Ela fazia uma renda especial. Há mais de quinze anos, compramos toda a produção dela. Uso a renda da Ozita para fazer os vestidos mais bacanas. Assim, encontrávamos as que procurávamos e outras rendeiras maravilhosas.

Nessa busca pela renda de excelência nos rincões do Nordeste, Martha não media a distância nem condições da estrada e de acesso. Nem respeitava fronteiras entre Alagoas, Pernambuco e Paraíba. A peregrinação por dezenas de municípios dos três estados resultou numa rede de fornecedoras de alta qualidade, em um processo construído à base de empatia, com aprendizados e percalços no caminho.

– Em alguns anos, montamos uma grande rede de fornecedoras. No começo, o contato era direto com cada uma delas; depois que o negócio foi crescendo, chegamos a um modelo que era de juntá-las em grupos ou associações – explica a estilista, que encontrou algumas cooperativas já formadas. – Mas a minha preocupação era fazer o dinheiro chegar às mãos das rendeiras, de modo a não se perder entre atravessadores. E eu via que algumas chefes de cooperativa não estavam muito preocupadas com as rendeiras. Queriam fazer negócio. Só que eu sabia a condição em que as rendeiras viviam, passando dificuldade. Eu queria trabalhar direto com elas. Obviamente, fazer negócio direto com cooperativa dá menos trabalho. Você faz a encomenda, recebe, paga e tchau! Mas não era isso que eu tinha em mente. Queria transformar a realidade das rendeiras com as quais trabalhava e daquelas que foram chegando e se juntando à nossa rede de fornecedoras.

Os grupos de fornecedoras de renda da marca Martha Medeiros se concentram nos municípios de Entremontes e São Sebastião, em Alagoas; Poção e Pesqueira, em Pernambuco; São João do Tigre, Camalaú e Zabelê, na Paraíba.

A labuta empírica para localizar talentos no sertão foi se convertendo em um cadastro formal de fornecedoras, 95% delas com contato pessoal com a estilista, que a partir de 2009 ganhou projeção nacional, alcançando em alguns anos os mercados internacionais da moda.

– Conheço praticamente todas as rendeiras que trabalham com a gente – diz Martha. E desse contato nasceu o cadastro de sonhos. – Temos dados básicos, como nome, peso, altura, idade, foto, o sítio em que cada uma delas mora e também a lista dos sonhos de todas. Temos 400 rendeiras cadastradas. A maioria trabalha em grupo, com uma líder que coordena as atividades e controla a produção. Em alguns municípios, compramos toda a renda produzida. Geralmente aquela mais nobre, cara, a chamada renda de bilro. Não é só uma relação de compra e venda. Faço questão de atuar ao lado delas, de ensinar o que sei para que elas tenham orgulho do que fazem. Hoje, quando mostro artistas famosas usando minhas criações com as rendas que elas fizeram, vejo o orgulho estampado no rosto de cada rendeira.

Algumas das melhores rendeiras chegaram a Martha por acaso, como Vânia, que ela conheceu em 2007, em uma feira voltada aos artesãos do interior do estado de Alagoas.

– Cheguei depois das 17h e a feira fechava às 18h. Olhei alguns estandes e vi o de uma senhora. Pequeno, com uma mesa cheia de renda maravilhosa

– lembra-se Martha. – A rendeira fazia uns paninhos para cobrir jarras e rendas em bico. Fiquei fascinada e comprei tudo que ela tinha levado.

Vânia começou a chorar. Ela estava havia três dias na feira e só tinha vendido dois paninhos. De uma tacada, vendeu toda a produção por 17 mil reais para Martha Medeiros. Fato que aconteceu também com Linda, de Poção (PE).

– Chegamos na casa dela e compramos toda a renda disponível, a produção de dez anos. Ela se ajoelhou na nossa frente, em gratidão. Contou que tinha feito uma promessa. Não aguentava mais ir para a feira e voltar de mãos vazias. Paguei o equivalente a 40 mil reais. Dinheiro que valia mais do que a casa em que morava e fez a diferença na vida dela.

A peregrinação por feiras e mercados Brasil afora continua sendo rotina.

"Senhor, me mostre o que eu tenho de ver", essa é a prece interior que Martha repete ao chegar a uma feira ou povoado. O pedido parece mesmo tocar os ouvidos divinos. Em fevereiro de 2020, em João Pessoa, a empresária já famosa garimpou uma preciosidade: flores feitas de escamas de peixe. Em meio a 500 expositores, encontrou Rosa, uma artesã que vendeu todo o estoque para a estilista por 3 mil reais.

– Ela começou a chorar quando eu disse que ia ficar com as cem flores – emociona-se Martha. – O neto da artesã estava ficando cego e com o dinheiro ela iria vê-lo em Portugal. Era a quantidade que faltava para Rosa viajar. Comprar artesanato, para mim, tem esse sentido. Eu me coloco do outro lado e tenho pelas artesãs o mesmo respeito que tenho por uma cliente que compra vestidos de alta-costura e valoriza o feito à mão.

A renda ganha valor agregado na moda sob medida, exclusiva, mas ainda é um produto pouco valorizado em um contexto socioeconômico de regiões que sofrem com a seca.

– É uma matéria-prima de valor alto que nem todos podem pagar ou não estão dispostos a fazê-lo. A renda sempre teve um mercado restrito – avalia Martha. Ela sabe bem as angústias de Linda, Vânia e Rosa, em busca de clientes que valorizem seus trabalhos. – Sempre quero fazer um bom negócio. Mas busco um acerto que seja bom para mim e para elas.

Martha investiu em um estoque de renda de alta qualidade mesmo antes de ter um mercado consumidor potente, como o que iria construir anos mais tarde, após abrir a loja em São Paulo e começar a exportar.

– Eu ainda não tinha vendas expressivas, mas comprava as peças de renda para atender uma, duas clientes em Maceió – recorda-se ela, quando ainda não tinha encomendas de ricos vestidos rendados para casamento, uma demanda que começou a crescer após participar da feira Casar, evento de moda para noivas, em São Paulo. – Às vezes, eu me hospedava em um hotelzinho e passava a madrugada recebendo rendeiras que vinham vender suas peças.

O mercado criado pela grife Martha Medeiros fez da renda a principal fonte de renda para as famílias das rendeiras que se tornaram fornecedoras oficiais de um negócio que ganharia escala a partir de 2008, quando a estilista abriu a primeira loja em São Paulo, decidida a se firmar nacionalmente. A grife Martha Medeiros se tornou, então, o motor que acelerou o impacto econômico do renascimento de uma matéria-prima desvalorizada, que era usada como roupa de cama e mesa, mas que passou a compor criações de alta moda, vestidos de noiva e longos usados em noites de gala. Uma produção voltada a clientes dispostas a pagar pelo luxo do artesanal, feito à mão, de uma renda trabalhada com informação de moda, design e tecnologia.

– Uma das coisas que eu mais queria era tirar a cara de toalha de mesa e sofisticar a renda brasileira, ao dar uma linguagem contemporânea ao artesanal. Nosso primeiro impacto no sertão é o resgate da renda, de as rendeiras se orgulharem do que fazem e terem na atividade uma forma de sobrevivência. O que elas fazem passou a ter mais valor – destaca a estilista, ciente do seu papel na melhoria de vida das artesãs, de suas famílias e do entorno. – As rendeiras são as grandes protagonistas dessa transformação. Criamos grupos independentes que, caso eu não esteja mais no ramo, vão poder continuar fazendo esse trabalho lindo.

O primeiro desafio a ser vencido por Martha e sua equipe era a precificação justa do produto diante do aumento da demanda. Era preciso profissionalizar a relação com as rendeiras e estabelecer acordos comerciais com trabalhadoras que atuam, em sua grande maioria, na informalidade ou ligadas a cooperativas com as quais o contato inicial nem sempre foi amistoso, dado que Martha já havia estabelecido uma relação direta com grande parte das associadas. Um dos suportes no processo foi procurar o Sebrae de cada região.

– Quando começamos a vir ao sertão, há mais de uma década, enfrentamos uma centena de problemas – relata a estilista. – Numa reunião com uma das associações de rendeiras, uma diretora se levantou e foi embora, quando pedi informação sobre o preço e falei que ia aumentar o valor pago. Pedi ao pessoal do Sebrae que ajudasse, porque percebia que as rendeiras não sabiam estipular o preço corretamente. Muitas nem sabiam fazer conta, quanto mais precificar.

A reunião era sempre na sede regional do Sebrae, e a condição de Martha para abrir as negociações era que, além das lideranças de cada cooperativa, as rendeiras também estivessem presentes.

– Comecei a ver uma reação contrária em várias associações e cooperativas – relata Martha. – Em uma delas, a chefe disse que não iria aumentar o valor pago para as rendeiras. Argumentou que o dinheiro a mais deveria ficar para a associação. Retruquei que a renda daquela associação não servia para a gente. Nunca haviam trabalhado para Martha Medeiros.

Já aconteceu também de a grife fazer uma encomenda grande para uma determinada cooperativa, receber a renda, pagar e as associadas não receberem pelo serviço.

– A pessoa responsável simplesmente sumiu com o dinheiro – relata Martha, que aos poucos foi afinando a relação entre rendeiras e cooperativas.

O trabalho continuado e em escala alterou o modelo de produção e a qualidade da renda. Houve investimento na matéria-prima, com o emprego de fios de melhor qualidade, e na própria mão de obra. As rendeiras cadastradas deixaram de fazer peças mais baratas, com fio inferior, que antes tinham dificuldade de vender até mesmo nas feiras populares. Como fornecedoras da marca Martha Medeiros, agregaram design e novos pontos e uma preocupação crescente com o acabamento.

– Elas não tinham mais o problema de não vender a produção. Tinham a técnica, sabiam fazer, mas faltava o refinamento – afirma a estilista. – A renda, por si só, não é uma coisa barata. Ela é um produto 100% algodão e 100% feito à mão. A base já é cara e usa metros e metros de fio.

Um sinal da desvalorização da renda está no fechamento sucessivo de fábricas de lacê, fita de algodão que dá sustentação à trama do bordado. Os fabricantes foram desaparecendo do mercado à medida que o produto ia perdendo em qualidade e preço. É nessa fita com microfuros nas laterais que é presa a linha de algodão com a qual vai sendo formada a trama da renda renascença. Por décadas, havia um único fornecedor de lacê de qualidade superior no país. Com a queda contínua na demanda, as fábricas foram deixando de fazer esse tipo de lacê especial. Sobrou uma fabricante no Rio de Janeiro, que também fechou.

– Um rapaz do sertão comprou o maquinário e passou a ser o único fabricante de lacê no Brasil – constata Martha. – Mas, para ele ter um preço bom, foi baixando a qualidade. Então, o único produto base que as rendeiras tinham e têm até hoje para trabalhar é esse lacê, que afeta a qualidade da renda.

Para usar a matéria-prima na alta-costura, a estilista mandou amostras para fabricantes na China e na Alemanha, até achar um fornecedor que produzisse com maior qualidade o material base da renda renascença usada pela grife. Ao final, acabou por encontrar um brasileiro, que tinha alguns teares muito antigos, e passou a produzir um lacê de qualidade na escala necessária para a marca Martha Medeiros.

– A realidade da rendeira era comprar fiado o lacê e ir para a feira vender a renda. Depois de várias idas sem conseguir vender pelo preço pedido, acabava entregando a peça pelo preço do material para poder quitar a dívida com o fabricante. Quis acabar com esse ciclo perverso – relata a estilista. – Começamos a fornecer o material e garantir que toda a produção feita com nossos desenhos exclusivos, que elas não podem reproduzir para outros clientes, é 100% comprada por nós. Antes, as rendeiras economizavam linha para preencher os pontos. Agora, sem precisar economizar, a renda fica mais bonita e bem-acabada. Só de olhar já é possível saber que é uma renda Martha Medeiros.

Companheira da estilista nas andanças pelo sertão, Luzimar Pereira, voluntária do Instituto Olhar do Sertão, é quem faz o controle de qualidade da produção dos grupos de fornecedoras. Para chegar a um padrão mais elevado, foram oferecidos cursos para que as rendeiras passassem a mirar uma qualidade superior do trabalho que já sabiam fazer bem. A renda de excelência demanda ainda mais tempo e empenho, como explica o braço direito da estilista.

– As entregas ficam prontas entre dois meses e até um ano, dependendo do grau de detalhe do desenho a ser rendado – explica Luzimar. – Quantificamos o trabalho por novelo de linha. Calculamos quantos novelos cada rendeira vai precisar para fazer determinada peça. Ou seja, quantos novelos de linha cada uma vai desmanchar para fazer tal encomenda. É essa a conta que elas e nós fazemos. Se a rendeira fizer uma peça com meio novelo de linha, vai receber o valor correspondente a meio novelo de linha. Se fizer outra com 70 novelos de linha, recebe o equivalente a 70 novelos. Enfim, elas são pagas com base na quantidade de novelos de linha que usam a cada mês.

A confecção de uma flor de mandacaru, desenho símbolo da marca Martha Medeiros, requer cinco novelos e meio de linha cada uma, por exemplo, e leva um mês para ser feita por uma rendeira habilidosa. O maior gargalo da marca Martha Medeiros era ter renda de qualidade e em escala. Os grupos autogerenciados de rendeiras foram criados a partir de uma metodologia própria que resultou em fornecimento regular, com padrão de qualidade garantido e com impacto na ponta, pagando até cinco vezes mais a cada novelo trabalhado, com seus 240 metros de linha. Fios que vão virar arte e agregar valor às criações que levam a assinatura Martha Medeiros.

Abastecido pelos novelos de renda recolhidos em Piranhas, Monteiro e tantos outros municípios do agreste, o ateliê da marca em São Paulo trabalha essa rica matéria-prima. É uma produção de moda cuidadosa e manual. Modelistas e costureiras fazem uma média de vinte peças por mês. Além do design, o processo de inovação em torno da renda na alta-costura passa pela modelagem, um valor agregado ao produto, etapa realizada bem longe do sertão – tão importante quanto o trabalho manual e artístico das rendeiras. Um profissional de São Paulo foi indicado a Martha por Alexandre Cerqueira, dono da Casa Moda, a primeira vitrine paulistana do trabalho autoral de renda da alagoana.

Jorge Varela, um dos maiores modelistas do Brasil, foi contratado, após veredito de Cerqueira: "Essa mulher não pode fazer essas roupas lindas com essa modelagem horrorosa".

Assim, Varela passou a fazer parte da história de sucesso da grife Martha Medeiros.

– Ele me ajudou muito e trabalhou com a gente até a sua morte, em 2017 – explica a alagoana. – Era um dos maiores modelistas do país. E a modelagem é uma etapa importante no sucesso de uma coleção, por ser a técnica de interpretar o desenho criado pelo estilista e transformá-lo em molde.

No caso de Martha, um desafio a mais, já que ela não tem entre seus talentos a habilidade de desenhar. Em um curso sobre história da moda que foi fazer em Paris, Martha descobriu que tinha algo em comum com a lendária Coco Chanel (1883-1971), estilista francesa e fundadora da marca que leva seu sobrenome.

– Eu morria de vergonha de não saber desenhar. Quando me pediam para mostrar um croqui, eu inventava uma desculpa e pedia para alguém da minha equipe fazer – reconhece Martha. – Ao visitar a casa de Coco Chanel, parte do roteiro do curso, comentei com a professora que nunca havia visto um croqui da própria Chanel. Foi quando ela contou que a estilista francesa não sabia desenhar. Eu fiquei em êxtase.

A partir daquele dia, Martha somou mais uma tirada a tantas outras que fazem a clientela rir e se admirar de seu modo genuíno de encarar até mesmo suas deficiências.

– Sempre que me perguntam pelo croqui, eu respondo: "Meu amor, eu e Chanel não desenhamos!" – repete a brasileira.

Detalhe que a clientela de elite, que consome alta-costura, releva ou nem sequer sabe. O croqui podia ser dispensável, como foi, ou terceirizado, mas a modelagem era um problema a ser resolvido em definitivo, e assim foi feito. Um círculo virtuoso que começa no sertão e termina no ateliê, de onde saem vestidos de alta-costura, ou da fábrica, onde é produzida a coleção prêt-à-porter, o "pronto para vestir".

Dois processos que resultam de uma receita vitoriosa, resumida por Martha:

– É juntar informação de moda (que as rendeiras não têm), uma renda de qualidade (que já não era mais fabricada), uma modelagem perfeita e um design autoral.

Com essa soma se faz o diferencial de uma marca brasileira, nordestina. Isso tudo temperado com a melhora na qualidade e nas perspectivas de vida de artesãs, que passam a ter a segurança de que toda a sua produção será comprada. Esse foi o caminho trilhado.

– O que conseguimos é o verdadeiro luxo moderno, que é unir a sofisticação da renda com o acabamento da alta-costura e a linguagem contemporânea que a renda não tinha até então – diz a alagoana.

Gélio Medeiros faz um parêntese interessante ao cruzar o semiárido paraibano rumo a Monteiro, ao passar pela obra de transposição do rio São Francisco. O marido de Martha recorda-se do escritor Ariano Suassuna, que, na década de 1980, criou o Movimento Armorial. Gélio explica como o fato se relaciona com o trabalho de Martha com as rendeiras do sertão.

– O que é o Movimento Armorial? É pegar as coisas simples do Nordeste, o artesanato, a música, e dar um tom erudito – explica Gélio, dando o exemplo da Orquestra Sinfônica de Pífanos. – E Martha, mesmo sem saber, faz parte disso. Ela pegou a renda e a transformou em uma coisa de luxo, em arte. Infelizmente, não tivemos o prazer de conhecer o Ariano Suassuna e de falar do trabalho da Martha para ele.

Um papel de indutora de um novo mercado, que hoje vai além da marca e das lojas Martha Medeiros. A estilista sente-se homenageada com os feirantes e ambulantes que tentam imitar o seu trabalho requintado.

– O Brasil e o mundo estão de fato dando mais valor à renda. Martha faz parte dessa história e dessa transformação – emenda Gélio Medeiros, testemunha do encontro e do processo de valorização do produto *made in* sertão.

A renda brasileira entrou para o panteão da técnica na Europa, berço e exportadora de uma arte que tem um museu próprio em Calais, na França. As peças rendadas mais icônicas do mundo estão expostas lá. Entre elas, dois vestidos by Martha Medeiros, um em renascença, com renda tramada no sertão do Cariri por paraibanas e pernambucanas arretadas, e outro de renda de bilro, trançado às margens do rio São Francisco por mulheres de Piranhas, município a 350 quilômetros de Maceió. Um reconhecimento ao talento de uma criadora de moda que conquistou o mundo e, por tabela, a arte das rendeiras dos rincões do Brasil.

Para a consultora Jussara Romão, é importante dar crédito de precursora a Martha Medeiros, à frente dessa verdadeira revolução artesanal.

– Ela pegou o artesanal das mulheres rendeiras e desenvolveu um conceito, um estilo e uma marca – avalia a jornalista, que conheceu a estilista quando era ainda dona de uma multimarcas em Maceió. Aceitou o convite para falar em um evento na capital alagoana, quando Martha a levou para conhecer o trabalho das rendeiras no interior de Alagoas.

Apaixonada pelo artesanato brasileiro desde sempre, Jussara, que era editora de moda da revista *Elle*, incentivou a simpática e talentosa alagoana a continuar com a experimentação de levar a renda para a moda.

– Depois de um tempo, Martha me procurou e disse que estava decidida a realizar o sonho de ter uma marca própria. Ela me mostrou o que tinha feito; era ainda o começo, mas ninguém tinha usado a renda na moda daquele jeito – avalia a jornalista. – Ela traz essa essência, de olhar para a própria terra, para a qualidade do trabalho das rendeiras e perceber que podia ir além. Martha notou que aquela matéria-prima de toalhas e peças utilitárias podia ser usada na alta-costura.

A volta à simplicidade e a valorização do artesanal e do manual são qualidades perseguidas pelas grandes grifes internacionais. Diferenciais genuínos da marca Martha Medeiros, minúscula em comparação com os poderosos conglomerados fashion.

– As marcas mais caras do mundo apostam no artesanal e no manual para se diferenciar. E temos na grife Martha Medeiros um *case* bem importante e muito inspirador para outras marcas nacionais e para aqueles que estão fora do eixo Rio–São Paulo – avalia Romão.

A consultora destaca que Martha Medeiros é uma estilista e uma empreendedora de moda que começou a falar de sustentabilidade e inclusão muito antes de virar modismo.

– Trata-se de uma marca que já começou fazendo um trabalho social sério, oferecendo oportunidade para mulheres rendeiras em suas regiões. Mostrando que elas podiam mais – afirma a jornalista. – O legado de Martha Medeiros é entender seu papel de mulher, empreendedora e estilista para movimentar esse mercado de alta-costura como precursora dessa revolução artesanal, movida a inclusão e empreendedorismo feminino. Precisamos do olhar de pessoas como ela para aquilo que temos de bom, para o que produzimos com qualidade. Martha vai deixar para o mundo, para a moda brasileira e para as pessoas que a conheceram essa energia, essa paixão, essa garra. Ela colocou no mapa da moda sua paixão pelo feito à mão. Não consigo pensar no futuro sem essa qualidade humana e a força do artesanal.

Capítulo 5

RENDA QUE GERA RENDA

A cerca de galhos secos delimita a área do pequeno sítio da família. Logo na entrada, um carro de boi fica estacionado debaixo de uma jurema-preta, espécie resistente à aridez por ser capaz de buscar água em grandes profundidades. A árvore ressequida e de galhos tortos serve para prender o cachorro. Nos fundos da casa, o quintal virou curral para dezenas de bodes e cabras. Os animais são sinal de prosperidade em uma área sempre castigada pela seca. Do lado esquerdo da residência, uma cisterna construída com recursos de um programa do governo federal para resolver a crônica falta d'água nunca armazenou uma gota sequer. Veio incompleta, precisaria ser refeita. Permanece ali, sem utilidade, como monumento ao descaso oficial e histórico para com a labuta dos sertanejos que habitam um pedaço do Brasil tantas vezes esquecido.

Ao lado de uma paisagem desoladora e sem vida, o sítio é uma espécie de oásis. Nos fundos do terreno, um poço artesiano e um dessalinizador fornecem a água doce que faz germinar os pés de mexerica, romã, acerola, mamão e banana, assim como canteiros de flores bem-cuidados. A casa avarandada, com banheiro e água encanada, sinaliza a transformação na vida de sua dona, a paraibana Ana Cristina de Brito Souza, de 42 anos, líder de um grupo de rendeiras de Pitombeiras, comunidade rural do município de Monteiro (PB).

– Renda é sinônimo de água, de trabalho, de dignidade – resume Cristina, ao receber com orgulho indisfarçável as visitas na sua residência impecavelmente arrumada.

Mulher rendeira, ela tece a sobrevivência com pontos de renascença, técnica têxtil de origem veneziana. Ofício que aprendeu com a mãe, numa tradição que passa de geração a geração nos pequenos povoados do agreste. Cristina aprendeu os primeiros pontos de bordado por volta dos 7 anos, de uma mãe rendeira que migrou de Poção (PE) para o sertão paraibano. Levou consigo a arte manual de fazer tramas a partir de um desenho riscado em papel-manteiga, fixado em almofada e executado com agulha comum, usando linha e lacê, uma fita de algodão que une as tramas.

As peças demoram de semanas a um ano para ficar prontas. Cristina relata como construiu sua prosperidade à base de novelos de renda que abastecem o ateliê de alta-costura de Martha Medeiros há mais de uma década.

– Eu cresci vendo minha mãe fazendo renda, que sempre foi nossa sobrevivência aqui no sítio, que fica a 19 quilômetros da cidade. Temos uns 200 moradores na comunidade. E em toda casa tem uma rendeira. Meus filhos foram morar na cidade para estudar e não seguiram a tradição. Tenho uma neta, mas não sei se ela vai se interessar – relata a paraibana. – Trabalhar com renda já foi muito sofrido. Antes, ninguém queria essa profissão. A renda era muito barata. A gente trabalhava para cooperativas e tirava pouco. Agora, trabalhamos em um grupo de rendeiras, sem atravessadores, uma mudança da água para o vinho.

Enquanto rendeiras autônomas ou vinculadas a cooperativas negociam um novelo de renascença por 30 reais, aquelas que trabalham no grupo de Cristina apuram 100 reais pela mesma quantidade de matéria-prima produzida.

Enquanto serve um café com bolo na varanda da casa, ela conta o milagre da multiplicação da renda:

– Quem está dentro desse sistema de fornecimento, como fornecedora direta, sem atravessador, ganha até três vezes mais. Minha renda mensal é de um salário mínimo fazendo renda e de outro salário para coordenar o grupo. Nunca tive isso na minha vida. É ter dignidade, viver melhor, porque aqui não preciso de muito para viver. E hoje vivo bem, graças a Deus. Posso comprar minhas coisas e pagar as contas em dia, nos alimentamos bem. Mudou a autoestima. Temos segurança para poder criar galinhas, porcos, cabras, temos dinheiro para a ração.

A renda certa e constante da renda mudou também a relação com o marido, o agricultor José de Souza, de 49 anos, que abre a porteira do sítio sorridente ao ver a mulher retornar de Monteiro, a sede do município, aonde foi ao encontro de Martha Medeiros para uma rodada de criação conjunta de novos desenhos a serem reproduzidos pelo grupo local de rendeiras. Ele conta que no auge da seca trabalhava arrancando toco no mato, ganhando 16 reais por dia.

– O trabalho da minha mulher vale muito mais – diz o agricultor. – A seca aqui é grande. Só dá para plantar palma. O resto morria tudo. Se não fosse a renda, a gente já tinha ido embora daqui. Criamos nossos filhos no pesado. Para reunir quatro telhas e construir nossa casa, batalhamos muito.

Seu Zé se tornou um aliado importante para derrubar o machismo que dificultava o trabalho das rendeiras na região.

– Fizemos reunião com os maridos. Eles me ignoravam no começo. Diziam que Martha veio para o sertão para transformar os homens em dominados – conta o sertanejo. – Mostrei que não tem nada disso. Reunimos uns trinta homens das redondezas para falar que é uma parceria. O trabalho das mulheres com renda melhora a vida de todas as famílias e da própria comunidade.

Cristina teve no marido um companheiro que a fez crescer no mercado de renda.

– Ele me ajuda muito. É meu braço direito – reconhece a líder do grupo. – A vida dele era muito difícil por causa da falta de água na roça. Tenho uma renda maior do que a do meu marido. Enquanto faço renda, ele cozinha, lava, passa, faz tudo na casa. Invertemos os papéis. Nossa casa hoje tem varanda, água, banheiro, flores. É como eu sonhava, mas achava que não estava ao meu alcance.

A melhoria da qualidade de vida foi ainda maior com a construção de um poço artesiano, uma das ações do Projeto Olhar do Sertão promovidas pelo Instituto Martha Medeiros, criado em 2014 como braço social da marca.

Além de manter uma relação pessoal muito próxima com as rendeiras por intermédio do projeto, carro-chefe do instituto, a estilista estabeleceu um relacionamento mercadológico, por meio do trabalho remunerado e da política de metas, que permite que as artesãs superem seu ganho financeiro de acordo com a produtividade. E há também o assistencial, de prestar auxílio em diversas áreas, como educação, saúde e independência financeira.

É a junção do trabalho de uma criadora de moda que ama fazer vestidos de sonhos, costurados a muitas mãos com a arte de centenas de mulheres rendeiras do sertão nordestino. E, na esteira do seu sucesso, a estilista alagoana revitalizou o trabalho de centenas de mulheres rendeiras, cantadas em verso e prosa, mas esquecidas em rincões do Brasil. Uma legião de sertanejas que sempre sobrevivem a duras penas, tecendo e bordando fios de algodão puro, usando a milenar técnica europeia que se mantém viva em povoados do Nordeste brasileiro. E essa renda que gera renda ganhou escala, as vitrines, as passarelas, os editoriais de moda e os *closets* das famosas com a etiqueta Martha Medeiros.

– O que me fascina é saber que estou transformando uma realidade – diz Martha. – A gente não leva nada deste mundo, somente o que mudamos na vida das pessoas. Não conseguiria ter apenas uma fábrica. É pouco. E se Deus me perguntar sobre minhas ações depois que eu morrer, não quero responder que fiz só regime e paguei duplicata. Por isso, fundei o instituto, mantido com palestras e licenciamento de produtos.

No caso de Cristina, o poço artesiano chegou há três anos. Antes, ela carregava na cabeça lata de água que buscava na casa do vizinho mais próximo, a uns 500 metros de distância.

– Tinha de buscar água longe para cozinhar, tomar banho. Com um poço no quintal e um dessalinizador, que transforma água salgada em água boa, a vida mudou – compara a rendeira. Ela não passa mais a vergonha de dizer para uma visita que não tem banheiro em casa, por exemplo. – Tudo que eu tenho, até meu banheiro, tem dinheiro de renda.

Desde que conheceu a Martha, em uma reunião com as rendeiras da região, o mundo de Cristina vem se expandindo para além da caatinga, de onde nunca havia saído antes de fornecer renda para a estilista.

– Eu já tinha ouvido falar da Martha, pela fama dela de comprar muita renda na região. Ela veio de longe para transformar vidas aqui e valorizar o nosso trabalho, que até então não era valorizado. Tenho muito orgulho de ver a minha renda nos vestidos de noiva que ela cria – diz Cristina. – Antes, a gente fazia renda para toalhas de mesa, que eram mais baratas. E agora temos encomendas que vão virar vestidos longos, que custam muito mais. A renda me levou muito longe. Para Maceió, para São Paulo e para ver o mar. Já falei do trabalho no grupo Mulheres do Brasil, quando eu conheci a empresária Luiza Helena Trajano. E isso tudo sendo rendeira, sem sair da minha terra, vivendo do meu ofício.

Presidente do movimento de mulheres empreendedoras e fundadora do Magazine Luiza, Trajano foi convidada por Martha para visitar o

Nordeste e ver de perto a revolução causada pela renda vinculada à alta-costura no sertão nordestino.

– Foi meu primeiro contato com o sertão – recorda-se a empresária sobre a viagem realizada em 2013. – Fomos eu e mais seis integrantes do movimento Mulheres do Brasil, junto com médicos oftalmologistas. Vi mulheres que antes não tinham sonhos e produziam uma peça por mês. Aumentaram a produtividade e passaram a ganhar dez vezes mais com a renda.

Ao retornar, a fundadora do Magazine Luiza ajudou a pensar na estruturação do trabalho das rendeiras, a partir do desenho de uma metodologia que pode ser aplicada a qualquer arranjo de trabalhadores artesanais.

– Martha é profundamente intuitiva para saber do que as pessoas ao redor dela precisam. Ela tinha razão ao intuir que a nossa presença no sertão ia gerar um resultado positivo, a exemplo do que Muhammad Yunus fez com o seu banco – emprestou dinheiro aos pobres em Bangladesh – conclui Luiza, sobre o processo de valorização da mão de obra das rendeiras dentro de uma cadeia de valor agregada à alta moda. – Nunca pensei que a renda, antes vendida a 20 reais como toalha de mesa, fosse desfilar em Paris, em vestidos que podiam custar até mais caro que um Dior ou um Chanel. Com o trabalho da Martha Medeiros, o artesanato brasileiro passou a ser visto de outro modo.

Mudança de visão que também aconteceu no próprio sertão. Nas andanças da estilista, a renda aparece como redenção na vida de mulheres como Rosimeire Monteiro de Freitas, de 34 anos, cujo marido, desempregado, sobrevive de bicos. Mãe de Maria Eduarda, de 12 anos, David, de 5, e João Lucas, de 1 ano e meio, ela entrou para o grupo de rendeiras liderado por Cristina em 2016, graças à arte da renascença que aprendeu com a mãe ainda criança e que ficou esquecida durante anos, até entrar no radar como fonte de subsistência e complementação importante de renda. Com a encomenda daquele mês, que vai consumir 5 novelos de linha para produzir o correspondente a um metro de tecido rendado, ela contabilizava mais 500 reais, que iam se somar aos 240 reais que recebe do Bolsa Família. Dois terços da renda familiar dependem da sua habilidade manual e de um mercado florescente que é um ânimo a mais para a paraibana.

– Eu já tinha visto Martha Medeiros na televisão e achava que era mentira que a estilista comprava renda na região, como ouvia dizer em São João do Tigre, onde nasci – conta a rendeira desconfiada. – Até que tive a sorte de conseguir uma vaga no grupo de Monteiro logo que me mudei.

Isso significa receber o lacê exclusivo feito para a grife Martha Medeiros, de qualidade superior à do encontrado no mercado. Recebe os rolos de fios de algodão puro e um risco em papel-manteiga, onde são alinhavados os lacês, de forma que a rendeira preencha o desenho com os diferentes pontos.

Rosi se orgulha de o bordado já estar quase concluído, que representa um sexto da saia de um vestido longo. É um trabalho de paciência, com um ponto chamado pipoquinha, feito em alto-relevo. Para fazer as nervuras com perfeição, ela explica que usa uma linha mais fina. O resultado é um rendado delicado, que exige tempo e habilidade.

A próxima parada é a casa de Maria José de Souza, de 36 anos, a Mazé. Logo na entrada, uma placa com a inscrição: "Martha Medeiros, Projeto Olhar do Sertão. Eu faço parte".

Com seu jeito franco e despachado, a mulher rendeira vai dando a letra da sua relação com a patroa famosa:

– Estilistas há muitos por aí, mas quem veio aqui e fez acontecer foi Martha Medeiros. A gente tem água em casa desde 2017 e é por isso que fiz questão de colocar a placa dela na minha porta. Não é como os políticos que prometem e depois somem. Fazer renda passou a ser certeza de uma vida melhor. Eu fui para São Paulo ver um desfile de noiva com as roupas que Martha desenha com as nossas rendas. Vi Deborah Secco e Luana Piovani vestindo aquelas roupas maravilhosas. Quase não acreditei que faço parte daquelas obras-primas. Antes, trabalhava e ganhava quase nada. Hoje nós estamos crescendo junto com a Martha. A renda foi uma bênção na vida dela e na das rendeiras. Já cheguei aonde eu queria. O próximo sonho é comprar uma casa na cidade para as minhas filhas continuarem estudando. Uma quer ser médica e a outra, dentista.

Valeska, de 14 anos, e Vanessa, de 17, podem mirar para além do sertão, graças ao trabalho da mãe. Mazé aprendeu a fazer renda renascença e também a de bilro, técnicas que a avó dominava. Ela dá nome a um dos desenhos patenteados por Martha Medeiros, a Flor de Mazé, a exemplo da flor de mandacaru, símbolo da marca da estilista e trama bastante popular nas criações da alagoana. O trabalho de liderança de Mazé e Cristina é de criação, gestão e controle de qualidade.

– No grupo, tenho dez rendeiras. Todas no mesmo padrão. Estou ali na direção, mas não sou melhor nem maior do que as outras. Sei que sou capaz de muita coisa e de liderar – explica Cristina. Meu sonho é que esse projeto continue. Antes, ninguém queria ser rendeira, hoje me procuram para aprender. Ajudo minhas companheiras. Vejo quando um ponto é folgado, o que está bom. Dizem que tenho um olho de gavião, que vejo onde elas não veem. A perfeição da renda é o acabamento. Martha trouxe esse olhar para a qualidade. Nesse modelo de trabalho, temos liberdade para gastar mais material. O maior desafio é surpreender e inovar. Não sabia desenhar. Aprendo coisas novas.

Um grupo de rendeiras trabalha em média 55 novelos por mês. Cabe à líder organizar a produção, distribuir as tarefas de acordo com a encomenda mensal. Uma faz o molde, que é repassado para a que vai alinhavar o lacê no risco. Os moldes alinhavados são então distribuídos para cada rendeira, junto com o material necessário para completar o rendado. Ao final, a líder confere o ponto, o acabamento.

É um trabalho coletivo, de troca. Recompensado pelo reconhecimento de uma arte manual que significa muito mais que a subsistência, nas palavras de Cristina.

– Sempre tem uma rendeira que sabe mais que a outra no grupo. O maior desafio é fazer com que elas entendam que são capazes de fazer mais e melhorar sempre – diz a líder do grupo de Monteiro. – Quando chega o pagamento, é um estímulo. É poder comprar uma sandália melhor. Não a mais barata, ou aquela que o dinheiro dava, mas a mais bonita. Isso aumenta a autoestima. É não fazer só a compra do básico. É levar um perfume também. Foi assim que os maridos foram vendo que o nosso dinheiro é importante. Temos muito companheirismo entre nós também. Todas se ajudam para atingir a meta. Se uma adoece, as outras cobrem. Se tem uma grávida, a gente se organiza para ela continuar recebendo e poder parar quinze dias antes do parto e ter quarenta dias de resguardo. Criamos um vínculo legal.

Cristina e Martha varam noites desenhando novas rendas em encontros periódicos, como o de janeiro de 2020, numa pousada em Monteiro. Em um entrosamento de anos de parceria e cumplicidade em torno de fios e agulhas, canetas e papel-manteiga, elas vão transformando ideias em novos riscados, que serão distribuídos às rendeiras daquele grupo.

As duas líderes da região de Monteiro já visitaram o ateliê de alta-costura Martha Medeiros em São Paulo, onde o quebra-cabeça dos pedaços de renda recolhidos mensalmente dos grupos vai se transformando em modelos exclusivos de vestidos, saias, blazers e tops. Cristina e Mazé puderam testemunhar as várias etapas do processo, até acompanhar a prova final do modelito no corpo de uma cliente.

E quis o destino que as rendeiras acompanhassem a prova da mulher do senador Helder Barbalho (PMDB-PA), ex-ministro da Infraestrutura do governo Dilma Rousseff, que estava na loja Martha Medeiros nos Jardins, em São Paulo. Era a roupa a ser usada na posse dele como governador do Pará em 1º de janeiro de 2019.

– Quando Martha contou que a gente era de Monteiro, o ministro disse que tinha orgulho de ter levado água para o sertão da Paraíba. Disse que estava presente quando a água da transposição do São Francisco chegou a Monteiro – relata Mazé, que derrubou o orgulho do político na mesma hora.

– Água para quem? Na minha casa não chegou – disse a rendeira a Barbalho.

Ele alegou que cabia ao governo federal levar até o município, e a prefeitura até as residências.

– Na minha casa quem levou água foi Martha Medeiros – Mazé concluiu.

Com o impacto econômico e social do trabalho com as rendeiras em várias localidades do sertão de Alagoas, Paraíba e Pernambuco, a estilista diz que sempre teve cuidado de não se vincular a políticos. Certa vez, em um jantar com um ex-governador do Nordeste, a estilista, já renomada internacionalmente, relata ter aproveitado a ocasião para pleitear atendimento oftalmológico para rendeiras que se queixavam de problemas de visão e precisavam de óculos para trabalhar. Ouviu uma frase que para ela foi a medida do abandono das sertanejas:

– As suas mulheres, Martha, só me dão trabalho – disse o político.

Foi quando a estilista decidiu criar o Instituto Olhar do Sertão, braço de assistência social da marca que leva seu nome. O projeto social antecede o negócio e está visceralmente ligado à estratégia da marca e à vida de Martha. Por meio da entidade e de doações de parceiros, foram realizados mutirões de saúde, programas de melhoria de moradia, construção de poços artesianos, de escolas e de parques infantis em vários povoados que abrigam grupos de rendeiras fornecedoras da grife. Responsabilidade social que agregou valor à marca e se tornou, legitimamente, um diferencial dos produtos Martha Medeiros, especialmente no mercado internacional.

– Criei esse projeto em 2014 com o intuito de levar assistência social para uma das regiões mais pobres do país, que é o sertão nordestino. Eu via que as rendeiras tinham necessidades básicas, com as quais eu podia ajudar – afirma a estilista. – O que me fascina é transformar uma realidade. Recebo fotos como a de uma rendeira cheia de verduras nas mãos, colhidas em seu terreno. Quando iniciamos a parceria para construção de poços artesianos, ela não tinha uma gota de água em casa. Um simples poço modificou a situação.

Projetos bancados por bazares em Maceió e São Paulo, nos quais o Instituto Olhar do Sertão já chegou a arrecadar 600 mil reais numa única rodada. Os *royalties* do papel de parede inspirados nas rendas mais famosas criadas por Martha Medeiros renderam 100 mil reais para ações sociais no sertão.

– Com o dinheiro do nosso papel de parede, furamos 19 poços para atender 120 famílias – contabiliza Martha, realimentada pelo fato de constatar que um elo importante da cadeia produtiva de sua marca também progrediu com o sucesso de suas criações no Brasil e no mundo.

– O sertão é minha inspiração. É de onde eu saio com a certeza de que nada é problema. Onde encontro mulheres como uma rendeira que não tem os dedos das mãos e criou 14 filhos fazendo renda. Elas são de verdade. Não estão preocupadas com o último modelo da bolsa da Hermès nem com a última cor que a Chanel desfilou. Elas estão preocupadas com a vida, em sobreviver, em criar os filhos.

Para Luzimar Pereira, de 54 anos, voluntária do Instituto Olhar do Sertão, Martha Medeiros foi um divisor de águas para as rendeiras e a economia local, que gira em torno da renda. Há mais de uma década, ela monta grupos e faz parceria com associações e cooperativas de rendeiras. Além da relação comercial, é feito um inventário das necessidades básicas das trabalhadoras que entram para cada novo grupo de trabalho. A primeira delas é sempre água, em uma região que registra longos períodos de estiagem. Secas que duram décadas.

– Não é só perfurar poço – diz Luzimar. – Garantimos encanamento, caixa-d'água, energia. Levamos água para dentro de casa. Se é salobra, providenciamos dessalinizador.

As ações estruturantes na vida das rendeiras foram objeto de estudo de Avaliação de Impacto Social do Projeto Olhar do Sertão, realizado pela Fundação Avina, que atua na América Latina para incentivar alianças entre líderes sociais e empresariais. Em julho de 2018, pesquisadores da Universidade Federal da Paraíba foram a campo para fazer o levantamento do Índice de Progresso Social (IPS) entre as rendeiras que trabalham para a grife Martha Medeiros.

– Promovemos um diálogo com as rendeiras para conhecer os sonhos de futuro e como isso era alavancado pelo Projeto Olhar do Sertão do Instituto Martha Medeiros – explica Inalda Béder, consultora na área de desenvolvimento sustentável.

A investigação na região de Monteiro envolveu rendeiras e não rendeiras para avaliação do impacto do projeto na vida das mulheres inseridas na cadeia de valor da moda.

– Avaliamos as mudanças de vida, como a compra de uma geladeira, contar com um poço artesiano e poder ter uma horta no quintal, um banheiro e água na torneira. E também ganhos em conhecimento e realização pessoal das rendeiras, como o resgate do orgulho do trabalho artesanal e de ter casa própria, morar com dignidade – elenca a pesquisadora. – Elas também se sentiam plenas no ofício e comprometidas na confecção das rendas.

O estudo da Avina identificou três eixos prioritários para desenvolvimento local da região: acesso à água, moradia digna e trabalho digno.

– Na avaliação da renda domiciliar, 80% das rendeiras vinculadas à cadeia produtiva da grife Martha Medeiros ganhavam entre meio e um salário mínimo mensal. E 12% delas tiram na faixa entre um e um salário mínimo e meio. Enquanto a renda de 80% das não rendeiras era inferior a meio salário mínimo – compara Inalda Béder.

O relatório sistematizou informações sobre o Projeto Olhar do Sertão levantadas em visitas à zona rural de Monteiro e de Camalaú, na Paraíba. O estudo abordou ainda aspectos mais subjetivos, como a organização de um "Banco de Sonhos" das rendeiras, que vai desde ver o mar, receber uma rosa (que resultou numa ação específica dentro do Projeto Olhar do Sertão, chamada "Primavera no Sertão"), até mesmo viajar.

Aos 49 anos, Ivonete Maria da Costa conseguiu uma estabilidade financeira e emocional como rendeira, que se destaca pela qualidade do trabalho artesanal, feito na casa reformada com dinheiro da renda.

– A renda, para mim, é uma terapia. Tenho depressão e psiquiatra é caro, coisa de rico – relata a moradora da zona rural de Monteiro. – Melhorei muito por causa da renda. Rezo para dona Martha continuar vendendo. Tenho celular, televisão. Mesmo deprimida, a renda não me deixa cair.

O trabalho em grupo também estimula a solidariedade entre as rendeiras. Josineide dos Santos Gonçalves, de 34 anos, é mãe de quatro filhos. Na última gestação, ficou um mês parada, de resguardo, após o parto. Seu trabalho era coberto pelas nove companheiras de grupo, de modo que manteve a renda no período, explica ela, na sala impecavelmente arrumada de sua casa, reformada pelo Instituto Olhar do Sertão.

O sentimento de fazer parte de uma cadeia produtiva e de solidariedade também aparece no relato da reconstrução da casa das 7 Marias, que foi derrubada por uma enchente. Martha levou blocos e telhas para reconstruir a casa das primeiras rendeiras com as quais trabalhou. A preocupação com a situação precária de trabalho em que essas mulheres viviam – muitas desempregadas ou em situação de subemprego, com trabalhos temporários – foi a motivação principal para o trabalho social aliado ao interesse do resgate da cultura riquíssima da renda.

A matriarca Cícera Maria da Silva, de 76 anos, mãe das 6 Marias, lembra dos 21 anos de convivência com a estilista que bateu à sua porta para comprar renda. O tear continua sendo uma opção para todas as filhas, desempregadas e dependentes de programas como o Bolsa Família: de Maria Aparecida, a mais velha, de 52 anos, a Maria Luciana, a mais nova, de 44.

– Ajuda muito quando a gente vende para a Martha uma peça que leva uma semana, mais ou menos, de trabalho. E não é só entregar uma encomenda. Ela vem aqui, senta no chão de casa para nos ensinar a fazer pontos diferentes, a fazer um trabalho mais bonito e com um bom acabamento. Ela ficou famosa, mas nunca se esqueceu da gente – relata a matriarca. – Tenho um orgulho danado de ver um xale com a minha renda filé feita aqui nesta casinha simples sendo usado pela apresentadora Ana Maria Braga. Já vi a Xuxa numa revista com um vestido de renda filé. O que a gente faz tem valor, mesmo que os turistas não queiram pagar o preço justo aqui.

Nas imediações da casa das 7 Marias há uma profusão de barracas repletas de *tops* e vestidos rendados, passando por toalhas e panos de bandeja de renda. A feirinha do Pontal da Barra, em Maceió, é um destino para turistas interessados em adquirir o produto típico da área tradicional de produção da renda filé. Em sua barraca, dona Vera Soares oferece um "vestido com renda tipo Martha Medeiros" por 4 mil reais e um blazer por 3,5 mil reais. Peças com cortes básicos e de qualidade notadamente inferior à daquelas assinadas pela estilista famosa.

Logo que começou a trabalhar com a técnica desenvolvida por mulheres de pescadores, Martha precisou ir ao município de Coqueiro Seco, a 40 quilômetros da capital, para conseguir redes de pesca com buracos menores, detalhe importante para a qualidade final do produto. O mesmo aconteceu na quantidade de nós que as rendeiras faziam tradicionalmente na renda renascença. Essa visão para o aprimoramento da técnica milenar enche os olhos de especialistas.

Além de elevada ao status de alta-costura, a renda que gera renda no sertão nordestino se torna motor de inclusão social produtiva, que virou diferencial da marca Martha Medeiros.

– Martha é inspiração não só para mulheres e para o Nordeste. Conquistou projeção empresarial sem se desligar do social nem de onde ela veio – avalia Luiza Helena Trajano, sobre a construção de uma marca genuinamente nacional com base no talento de uma estilista que se tornou amiga.

No auge da pandemia do novo coronavírus, em abril de 2020, Martha procurou Luiza, que é presidente do conselho de administração do Magalu. O objetivo era encontrar uma forma de garantir renda para centenas de artesãs que penavam com a crise econômica decorrente da pandemia.

– Martha me ligou para falar sobre o drama dos artesãos que ela conhecia que não tinham o que comer e ficaram sem renda por causa da pandemia – lembra-se Luiza.

A dupla orquestrou a venda dos produtos artesanais pela plataforma de e-commerce do Magazine Luiza. Bonecas, vasos, passadeiras, bolsas, pochetes foram comprados dos artesãos à vista e vendidos a preço de custo, somado ao frete da entrega, numa operação que resultou em 500 mil reais em compras.

– Eu não gosto de assistencialismo, gosto de empoderar as mulheres, artistas que fazem coisas divinas com as mãos e não mereciam passar por necessidade durante uma pandemia – afirma Martha, que colocou a ideia de pé após ver na internet um pedido de auxílio financeiro da Associação de Mulheres Indígenas do Alto do Rio Negro.

– Com a curadoria da Martha, compramos e armazenamos produtos artesanais para serem vendidos pelo Magalu, numa mobilização quando a fome bateu nessas comunidades – relata Luiza Trajano.

A estilista propiciou a compra de praticamente todas as peças que estavam disponíveis em cooperativas de artesanato com as quais mantém relações comerciais e de amizade, com foco nos produtos de maior valor, para ajudar as artesãs em plena pandemia. Ajuda que chegou a grupos como Associação de Mulheres Indígenas do Alto Rio Negro, no Amazonas, e do Mestre Espedito Seleiro, no Ceará. A plataforma de e-commerce impactou a vida de mais de 250 artesãos.

– Não me esqueço de onde eu vim e estou cada vez mais ligada a esses pequenos artesãos, que estão vivendo uma fase dificílima por não ter a quem vender suas criações – disse a estilista na época da crise da covid-19, que afetou desproporcionalmente os mais vulneráveis, entre eles, rendeiras e bordadeiras que fazem parte da história da marca.

O sertão também virou um cartão de visita da marca, experiência que Martha fez questão de dividir com clientes famosos e parceiros. Já levou para lá colegas empresárias do movimento Mulheres do Brasil, em viagens tanto ao vale do Cariri quanto à região dos cânions do rio São Francisco, que foi apresentado para Ivete Sangalo e para a primeira-dama de São Paulo, Bia Doria, clientes de primeira hora da estilista alagoana.

A revista *Caras* fez uma reportagem de capa com a então primeira-dama da cidade de São Paulo no sertão nordestino. Durante quatro dias, em julho de 2017, a mulher do prefeito João Doria, que já despontava como candidato ao governo do estado e também à Presidência da República, percorreu parte de Sergipe pelo rio São Francisco e visitou a Ilha do Ferro e a cidade de Piranhas, em Alagoas.

O passeio, a convite da estilista, tinha como objetivo apresentar os projetos de assistência e capacitação de artesãos promovidos pelo Instituto Martha Medeiros na região. O périplo rendeu uma chamada de tom político na capa: "A artista plástica que pode ser primeira-dama do Brasil", com uma foto de Bia Doria em um barco tendo os cânions como paisagem e vestida com um xale de renda by Martha Medeiros.

Anos depois da visita, a passagem pelo sertão ainda reverbera na memória da ex-primeira-dama do estado de São Paulo:

– Foi uma viagem inesquecível. Depois de conhecer as rendeiras, fiquei ainda mais apaixonada pelo trabalho da Martha, que transformou a realidade de toda uma cadeia de moda. Martha é transformadora de destinos, tanto dela quanto das rendeiras e da história da renda. Já usei Martha Medeiros em vários lugares do mundo, como algo 100% brasileiro. Ela agregou bom gosto ao artesanato. É irreverente, alegre. Tem força, determinação. É preciso ter coragem para sair de uma feira para montar loja em São Paulo. Ela é abusada.

Capítulo 6

O MANUAL DA VENDEDORA DE SONHOS

– Martha Medeiros vende vermelho para quem está de luto – define Ana Paneguini, dona de um *closet* repleto de modelos de alta-costura assinados pela estilista alagoana, mestre na arte de vender e também na de criar roupas de sonho feitas de renda, segundo a empresária paulista.

O primeiro contato da então futura cliente do ateliê de alta-costura com a marca Martha Medeiros foi em um leilão beneficente no qual Ana e o marido, o empresário Tom Paneguini, arremataram por 100 mil reais um vestido da alagoana usado por Xuxa em um evento.

O jantar de gala com renda revertida para um projeto assistencial para crianças do sertão foi realizado em novembro de 2014. O casal só foi buscar a peça arrematada no ano seguinte, depois da Páscoa, quando finalmente foram à *flagship* Martha Medeiros, na Rua Melo Alves, em São Paulo. Até então, Ana ouvira falar da estilista quando organizava festas em Sorocaba, onde a família reside e tem negócios. Ela sempre reclamava com o *promoter*, que apostava em temas americanizados.

– Chique é trazer coisas da nossa terra, valorizar o Brasil – dizia Ana, quando então ouviu pela primeira vez sobre Martha Medeiros, que fazia isso com maestria, segundo o organizador de festas, que conhecia o trabalho da alagoana. – A estilista me conquistou por juntar sofisticação e brasilidade.

O vestido arrematado se transformou em vários. Quando chegou à loja e se apresentou, o casal provou doses generosas de hospitalidade nordestina em pleno bairro dos Jardins.

– A vendedora ligou para a estilista, que estava fora do Brasil, e Martha disse que eu podia escolher a peça que quisesse; não precisaria levar necessariamente o modelo usado pela Xuxa – relata Ana. – Despencaram a loja inteira. Era para escolher um vestido sob medida, mas foram me mostrando tantos lindos que acabamos levando para casa vários outros.

A ordem de Martha era abater as compras dos 100 mil reais já pagos pelo casal no leilão.

– Aí, é você quem vai estar doando, não nós – rebateu Tom, o marido que acompanhou a prova sem fim de roupas e se encantou com os modelitos perfeitos no corpo da mulher.

O casal levou sete vestidos Martha Medeiros para casa no dia em que foi apresentado oficialmente à marca, além de um colar de pérolas com o símbolo da grife, uma flor de mandacaru. A partir dali, as criações da alagoana estiveram presentes em momentos especiais da vida dos Paneguini.

– Devo ter uma centena de peças Martha Medeiros – estima Ana. – Ela fez o vestido que usei na festa dos meus 50 anos. Um outro modelo especial foi criado para um jantar de gala em Nova York em 2018. Era o evento O Homem do Ano. Fui com um vestido de gola enorme, todo engomado. Não tinha como levar na mala. A própria Martha me vestiu antes da festa, aonde meu esposo chegou em um *smoking* de renda, que ela fez junto com a Alfaiataria Camargo.

E os gringos aplaudiram.

– Martha alia tradição, qualidade e bom gosto. Antes dela, as peças de renda não tinham corte nem modelagem. Ela trouxe tecnologia, design e acabamento perfeito. Tenho um verdadeiro acervo da estilista no meu *closet*. Uso e repito as peças Martha Medeiros, que são clássicas e não deixam nada a desejar quando comparadas com outras marcas de luxo – avalia a empresária e cliente de grandes grifes internacionais.

Além do talento com agulhas e rendas, Martha Medeiros é uma força da natureza como vendedora, no atendimento personalizado a clientes fiéis. Um diferencial cultivado desde sempre: na barraca da feira de artesanato e na butique multimarcas no Nordeste, até virar nome de grife badalada e etiqueta valiosa no universo fashion. O "jeito Martha" de negociar e agradar a clientela fez as suas criações chegarem ao *closet* de famosas e quatrocentonas paulistanas.

Antes de entrar nos badalados circuitos da moda, Martha Medeiros fazia parte do guarda-roupa e de momentos marcantes da clientela fiel em Maceió, composta de damas da elite sucroalcooleira de Alagoas, profissionais liberais e novas-ricas do estado. Uma época em que a Martha's Boutique era anunciada em comerciais regionais no intervalo do *Jornal Nacional*, da Rede Globo, com *slogans* como "Biquíni é na Martha's Boutique, o resto é paninho de bunda", "Ou você usa Martha's Boutique ou é melhor não usar nada".

Famosas ou anônimas, donas de cartão de crédito sem limite ou compradoras no crediário em prestações a perder de vista, as clientes sempre foram tratadas com rapapés e um olhar atento ao estilo de cada uma em todos os pontos de venda e ateliês da estilista alagoana. O jeito peculiar de negociar vem desde os primórdios, na loja modesta em uma galeria de Maceió, depois na multimarcas famosa da capital alagoana, até chegar ao ponto refinado nos Jardins, em São Paulo, e na exclusivíssima Melrose Place, em Los Angeles.

Os cenários mudam, mas o estilo cultivado é aquele à imagem e semelhança da empresária que fez uma marca do zero, usando como capital o talento, associado ao carisma e a um tipo de humor despachado. Bem características dos nordestinos, as tiradas de Martha poderiam até ser tachadas de rudes por ouvidos mais sensíveis. Entre araras e provadores, o estilo de atendimento by Martha Medeiros e escudeiras foi motor de vendas até a consolidação do negócio.

Em meio à algazarra provocada pelas reminiscências do "dream team" de vendas formado por Martha Medeiros ao longo de duas décadas em Maceió, as histórias se sucedem, entre gargalhadas. Funcionárias de hoje, como Nena Ferreira, braço direito e gerente, e Maria Aparecida Silva, a Cidinha, diretora financeira, sentam-se lado a lado com ex-vendedoras, como Scheila Pontes, Paula Raquel Machado e Rosângela Souza, para rememorar situações vividas nos pontos de venda Martha Medeiros e em eventos promovidos pela estilista.

– Trabalhar aqui foi uma escola – define Sheila.

– Aprendi tudo com a Martha – emenda Paula.

Martha é a primeira a gargalhar diante das lembranças de seu jeito de administrar a equipe, com rigor e cobranças, mas também com mimos. É descrita ao mesmo tempo como autoritária e carinhosa, mas sobretudo exigente. É parceira e pau pra toda obra, dizem as assistentes e vendedoras, que ressaltam a sua capacidade de trabalho e energia inesgotáveis. E qualidades e defeitos com os quais tiveram de aprender a lidar.

– Ninguém que passou por mim e trabalhou na loja saiu pior do que entrou – garante a estilista, reconhecendo que nem sempre é fácil seguir seu ritmo e atender às exigências.

A empatia e a técnica de vendas da escola Martha Medeiros são imbatíveis, dizem as funcionárias que a acompanham desde os primórdios da marca. O encontro informal em uma manhã de janeiro de 2020 se transforma em uma sessão nostálgica. O bate-papo se converte em compêndio de técnicas e protocolos de atendimentos criados pela estilista. O manual não escrito e praticado à risca nos pontos de venda da grife é distante do tom *blasé* adotado por lojas sofisticadas.

A arte de receber e a de vender se misturam na cartilha Martha Medeiros. São famosas as guloseimas servidas no ateliê paulistano, com delícias da culinária do Nordeste, como bolo de rolo. Degustadas em intermináveis provas de roupas, elas dão o tempero das compras até o pagamento com cartão de crédito. A ordem é tratar as clientes como rainhas, para que nenhuma saia da loja sem levar para casa uma peça Martha Medeiros. A primeira regra não escrita é: "Coube no bolso, cabe no corpo". Ou seja, se a cliente decidiu comprar, a peça será ajustada e entregue. O que não pode acontecer é perder uma venda.

O manual informal seguido pela equipe da Martha's Boutique viria a se tornar padrão em todas as lojas Martha Medeiros.

– Vendedora não é samambaia – repetia a dona e estilista, referindo-se à planta muito usada em decoração. – Ninguém pode ficar parado na loja. Nunca fiquem de braços cruzados. Movimento gera movimento.

Câmeras de vigilância estrategicamente instaladas nas lojas garantiam que o protocolo fosse seguido à risca. Era o *reality show* protagonizado pelas vendedoras, no qual Martha era a "grande irmã", "Big Brother" que tudo via e controlava. As funcionárias tinham que entrar na sintonia "non stop" da dona da loja. Estavam sempre arrumando as roupas nas araras, preparando sacolas para enviar para a casa das clientes ou ligando para avisar que havia novidades na loja.

Sheila Pontes seguiu a cartilha por doze anos.

– Quando uma cliente entrava, nosso foco tinha que ser total nela. Só saía sem comprar quem realmente não tinha condições. Eu colava na Marthinha e ficava admiradíssima com a forma como ela vendia – relata a ex-funcionária. – E nunca teve aquela história dela ser a dona ou a estilista famosa. Quando precisava, ela sentava no chão para marcar a barra da roupa da cliente. E sempre tinha uma argumentação de ouro para fazer a pessoa levar a peça. As clientes amam o jeito da Martha de colocá-las pra cima.

O *approach* com as clientes era pessoal e sem cerimônia, como descrevem, de cor e salteado.

– Meu Deus! Que arraso essa roupa! Imagine a cara das tuas inimigas! – costuma disparar Martha Medeiros.

Frases de efeito que encantavam a clientela *habituée* são repetidas como jogral. Toda cliente que entrava na loja, lá iam elas fazê-la se sentir especial: "Menina, acabei de pensar em você. Já ia te ligar!". Outra tática era dizer que Martha acabara de chegar de viagem e trouxera uma peça específica para a potencial compradora ávida por novidades. A própria Martha encenava o roteiro e mandava as funcionárias saírem em disparada para trazer a tal peça especial para a cliente.

– Quando Martha falava assim: "Sheila, pega aquela roupa que eu trouxe pra fulana", eu tremia… Qual seria, meu Deus? Tinha de adivinhar qual era a mais parecida com o estilo da pessoa. Havia entrosamento, a gente se entendia pelo olhar – recorda-se a ex-vendedora.

O momento da venda sempre foi o verdadeiro "Show da Martha", relatam as assistentes mais antigas, que aprenderam com a dona os truques para conquistar a freguesia e, por tabela, bater as metas mensais.

Um assistente importante de vendas era o "chupa-cabra", como as vendedoras apelidaram uma cinta que ia do joelho ao pescoço, capaz de afinar silhuetas complicadas. Eram os tais "ajudantes da natureza".

– Martha tem o dom de vender. O diferencial é a alegria. Ela vende a emoção – reconhece Paula, escolhida por Martha para ir para São Paulo quando a estilista abriu o primeiro ponto na capital paulista. A loura alta, vistosa e despachada foi convidada para fazer a mudança em dois dias.

– Além do dom, ela fazia de tudo para agradar as clientes e vender. Em 2008, o vestido mais barato na loja Martha Medeiros em São Paulo custava 7,2 mil reais. Logo que abriu, éramos somente eu e ela no atendimento, com a missão de vender vestidos que custavam tanto quanto um Dior. Ao chegar a São Paulo, a primeira coisa que fiz foi pintar o cabelo, pois Martha dizia que paulista gostava de vendedora loura – recorda-se a ex-funcionária.

A estilista interrompe o relato para lembrar que Paula, uma de suas melhores vendedoras de todos os tempos, aceitou o desafio de trabalhar no mercado paulistano sem ter ideia dos preconceitos e barreiras a serem vencidos.

– O povo da moda já tinha dito que a nossa roupa era de feira, colorida demais para o gosto paulistano. Paula e eu éramos vistas como duas matutas, numa loja minúscula na Melo Alves, com nosso sotaque carregado e acreditando que era possível fazer sucesso com uma marca de luxo genuinamente brasileira – resume a estilista.

A jovem nordestina, que aos 18 anos começou a trabalhar na primeira lojinha da futura famosa estilista Martha Medeiros, sonhava ser enfermeira. Bancava a faculdade atrás do balcão, onde aprendeu as manhas e os bastidores do mundinho fashion. Futuro interrompido tragicamente pela covid-19. A universitária foi uma das primeiras vítimas do novo coronavírus, falecendo dois meses depois de ser entrevistada para este livro.

– Sou muito grata a Paula por ter largado tudo em Maceió para ser cúmplice nos meus sonhos – afirma Martha.

A vendedora não tinha hora para sair. Deixava a loja de madrugada, para atender clientes como Daniela Mercury, que só chegava depois das 19h e saía das provas às 4h da manhã.

– A gente fazia de tudo para vender. A loja de São Paulo tinha que dar certo. Lembro de uma cliente que ia embora sem comprar porque estava com fome. Martha me mandou ir ao restaurante japonês vizinho e pegar uma barca de sushi maior do que eu para oferecer para a cliente faminta – relatou Paula.

Sheila também foi testemunha dos truques mais inesperados:

– Tudo o que Martha toca, vende. Se pegar um vestido todo mofado no estoque, ela vai vender dizendo que é pintado à mão. Isso é verídico, viu? Eu presenciei. E a cliente vai se apaixonar. Eu nunca vi uma empresária de moda como ela.

Maria Aparecida Silva, a Cidinha, já esteve dos dois lados do balcão na trajetória da marca Martha Medeiros. Por muitos anos, foi a melhor cliente da Martha's Boutique e da então futura grife Martha Medeiros, até ficar pobre, brinca a alagoana. Desde 2010, ela é responsável pela área financeira da marca. Para além da relação comercial e de trabalho,

Martha e Cidinha compartilham uma amizade de mais de quatro décadas, recheadas de histórias divertidas e de muito companheirismo.

– Cidinha sempre teve essa cara de pobre, mesmo quando era rica – brinca Martha, com a intimidade de quem um dia chegou ao apartamento da então cliente VIP e mandou ampliar o *closet* já repleto para não ouvir a desculpa de que não podia comprar por não ter onde colocar roupa. Resultado: um novo armário ocupou um corredor do apartamento, com muito espaço para abrigar novas peças by Martha Medeiros.

Cidinha admite, aos risos, que era a cliente dos sonhos:

– Marthinha fez o que quis e o que não quis comigo. Ela sempre teve esse talento de pegar um pedaço de pano e fazer de qualquer mulher uma rainha. Eu comprava sem ver a roupa. Ela ligava quando voltava das viagens e dizia: "Neguinha, trouxe uma roupa linda para você, de Paris".

Segundo relatos das funcionárias, Cidinha, em época de fausto, chegava a comprar o equivalente ao valor de um carro popular zero-quilômetro por mês na Martha's Boutique.

– A Marthinha carregou tanto dinheiro meu que só Deus e ela sabem. Fiquei pobre! – devolve Cidinha, no mesmo tom. – Depois que virei funcionária, consegui todo o dinheiro de volta [risos]. Tenho em casa um brechó Martha Medeiros.

O sucesso nacional e internacional de Martha é motivo de orgulho para uma amiga e funcionária que acompanhou a trajetória e os altos e baixos da marca e na vida da estilista.

– Força e querer explicam a trajetória de sucesso de Martha – define Cidinha. – Ela já chegou aonde queria, vendeu em Hollywood, no mundo todo. Uma pessoa que saiu da feira e conseguiu vender para os *sheiks* e as poderosas. Martha chegou ao topo, mas, se precisar, ela se abaixa para fazer uma barra em um vestido. Nunca perdeu a simplicidade. Com altos e baixos, é vitoriosa. Veio ao mundo para realizar grandes coisas.

As duas se apoiaram em momentos difíceis, como no rompimento da sociedade entre Martha, a mãe e a irmã, em um processo traumático para a família e os negócios.

– Marthinha é o sim e o não misturados, é agridoce. Pode ficar irreconhecível. Só que tem uma natureza muito boa, não guarda rancor. Ela briga com você hoje, te deixa lá embaixo, mas logo depois vem a bondade – diz Cidinha. – Quero falar do lado A e do lado B dela. É um ser humano para ser estudado. Martha sempre consegue o que quer.

Aos 53 anos, Nena Ferreira também tem gratidão e admiração em relação à patroa, como vendedora mais antiga e gerente em Maceió, em duas décadas ao lado da estilista.

– Marthinha é muito positiva. Ela encanta – observa Nena. – As pessoas enlouquecem com as peças criadas por ela. Tem clientes que deixam de comer para ter um Martha Medeiros. E ela nunca se deslumbrou com fama e dinheiro.

Nena acompanhou o que considera o milagre da renda renascença, antes usada como pano de mesa, virar objeto de desejo na moda. Era preciso vencer preconceitos com a matéria-prima da loja, até então desvalorizada.

Sheila se recorda de um episódio que presenciou em uma feira de noivas em São Paulo.

– E essas cortinas? – debochou o visitante no estande Martha Medeiros, ao comentar os vestidos rendados assinados pela alagoana, ainda desconhecida no eixo Rio–São Paulo.

– As cortinas são da casa da sua mãe! – rebateu a própria Martha Medeiros, de pronto. – Opa, desculpa, esqueci que sua mãe era pobre e não tinha cortina em casa.

Nena também acompanhou momentos mais delicados da trajetória de Martha Medeiros, quando a estilista perdeu tudo, após fechar o primeiro negócio formal, a Martha's Boutique.

– Ela recomeçou do zero. Foi muito sério, chato. Era coisa de família, mas poderia ter sido o fim do sonho da Martha – testemunhou a gerente. – Voltou a vender roupa em casa, o banheiro era o provador. A vaidade dela é crescer. Atende descalça, marca a barra. Virou estilista internacional, mas não se esqueceu de quem estava com ela no começo. Chegou lá pelo talento, sem passar por cima de ninguém.

Martha sempre fingiu desenhar os vestidos de noiva que vendia. Nunca fez um croqui. As criações saem da sua imaginação e são ditadas para as costureiras. Referências são mostradas em revistas e livros de moda. As funcionárias presenciaram muitas vezes a encenação de uma estilista em ação. Quando uma cliente pedia um desenho, Martha pegava uma folha de papel e dizia:

– Estilo vem do traço!

A máxima era a deixa para ela continuar falando em vez de desenhar o modelo que tinha em mente para a cliente. E não passava disso. Dali a pouco, a estilista pedia que trouxessem um livro de moda ou uma revista com as referências. Exibia uma modelo *à la* Jackie Onassis e muitas vezes já tinha na arara uma roupa parecida para mostrar uma tendência ou uma inovação.

A equipe embarcava também no frenesi da organização de eventos e festas realizadas para uma clientela fiel ou para atrair novas clientes. Nena viveu momentos antológicos, como a festa de aniversário surpresa preparada para ela e abortada para se transformar na comemoração para uma ex-primeira-dama de Alagoas. Martha conta o episódio às gargalhadas:

– Após receber o telefonema de que a primeira-dama que aniversariava naquele mesmo dia estava indo para a loja, virei a cartolina do avesso e troquei o "Feliz Aniversário, Nena!" por um "Feliz Aniversário, Fulana!". A mulher do governador ficou emocionada por termos lembrado dela e feito uma homenagem tão carinhosa. Comprou horrores. Nena foi compensada com um festão no ano seguinte. Contratei dois *go-go boys* para celebrar o aniversário dela numa churrascaria.

São memoráveis também as festas de confraternização de final de ano. Uma delas em uma churrascaria tradicional de Maceió, frequentada pela clientela endinheirada da loja. A noite começou em grande estilo, quando Martha, no papel de anfitriã, reclamou do serviço após uma sequência de rodízio de coração de frango e carnes menos nobres. Depois de se fartarem com carnes nobres, as convidadas tiveram um *grand finale* na comemoração daquele ano. Voltaram para casa com um corselete de presente e uma bolsa recheada com um bônus para cada uma. Exemplo de generosidade e de reconhecimento pelo trabalho conjunto refletido no faturamento.

As assistentes, vendedoras e costureiras são unânimes quanto à dificuldade de acompanhar o ritmo de Martha. Muitas candidatas a funcionária não voltavam no segundo dia. Só ficava quem acompanhava o pique da patroa e das demais.

– Dona Martha, essa não vai ficar – decretava Vanilma, responsável pela faxina, sempre certeira, quando via uma vendedora sem atitude e mais devagar, posturas incompatíveis com o estilo de atendimento na loja.

Durante o treinamento, as funcionárias que passavam no teste eram apresentadas às referências e aos termos fashion para que pudessem ter argumentos de venda mais efetivos.

– Tinha que saber falar "Swarovski". Quem não acertava a pronúncia não era contratada – conta Sheila. Ela se lembra de uma colega que não durou muito tempo na loja, por teimar em falar "Svairosvisky". – Não adiantava a gente soletrar corretamente nem explicar que não tinha esse "i" no meio da palavra – prossegue a funcionária, que aprendeu sobre a marca referência mundial em cristais com Martha Medeiros.

A escola Martha Medeiros incluía também lições de como encarar as clientes mais esnobes. A própria dona da loja chamava para si a tarefa inglória de atender as potenciais compradoras mais antipáticas. Reminiscências vão sendo contadas pelas vendedoras e complementadas pela estilista, ao longo de quase duas horas. As mais engraçadas envolvem clientes cheias de razão, reclamonas e que tiveram o azar de cruzar com Martha em dia de estopim curtíssimo.

A máxima de vender sempre esbarrou em clientes intratáveis, como uma que foi convidada a se retirar da loja, expulsa pela própria Martha. A esnobe foi posta para correr com um gesto espalhafatoso da dona: borrifadas de um odorizador de ambientes. Sheila conta os detalhes de uma cena que lavou a alma de todas as funcionárias:

– Uma rica de Maceió chegou na loja vazia e ficou olhando as araras, sem tirar os óculos, e fazendo comentários desagradáveis sobre tudo.

– Marthinha, tem loja da Patachou em Recife e é muito mais barato do que aqui na sua – inquiriu a cliente. – Recife é bem ali, qualquer coisa a gente pega o jatinho e vai pra lá.

Foi a gota d'água. Martha cansou de ouvir as lamúrias e indiretas. Bem do seu jeito despachado, gritou para a funcionária:

– Sheilaaaaaa, pegue o Bom Ar!

A lembrança provoca risadas na equipe, que presenciou o momento inacreditável.

– Eu saí correndo e fui buscar o frasco na despensa – gargalha a vendedora incumbida da insólita missão.

Com o Bom Ar de lavanda na mão, Martha se virou para a cliente e disse, para todo mundo ouvir:

– Olhe, Fulana, preste atenção, pegue o seu jatinho e vá comprar em Recife. Vá agora! E *tchiiiiiiiiiiiiii*, começou a espalhar o spray de lavanda na loja, como se quisesse desinfetar o local da presença da mulher.

Quando a cliente saiu, levando aquela energia negativa, todas desataram a rir. Perderam a cliente, mas não a piada. Uma exceção, pois o mantra era não perder nenhuma venda.

– Nena, Sheila e eu tínhamos um pacto de não deixar ninguém sair da loja sem comprar. Se a cliente queria um vestido branco e o único que tinha não era do número dela, a gente cortava e ajustava na hora – recorda-se Martha. – Deixava a roupa perfeita, contanto que a pessoa assinasse o cheque. Dividia em doze vezes. Não havia hipótese de a cliente escapar.

Foi assim que Martha conseguiu pagar em quatro meses o que devia quando abriu a loja nova, após romper a sociedade com a irmã, em 2007. O foco no atendimento, em agradar a clientela, era tão forte que, um ano depois, havia reunido o capital inicial para abrir a primeira unidade em São Paulo.

Além de uma equipe de vendedoras alinhadas com o espírito empreendedor da estilista, a grife Martha Medeiros tem por trás um time de bordadeiras e costureiras que cresceram na esteira do sucesso da marca. Duas assistentes formadas na escola Martha Medeiros, a bordadeira Kaline Vieira e a estilista Samara Sá, estão por trás de criações memoráveis da grife, como um dos vestidos de noiva mais caros já produzidos no Brasil, que custou 150 mil reais em 2010.

– Foi um vestido em que eu precisei fazer 1.200 flores iguais aos brincos da moça – recorda-se Kaline sobre a encomenda mais do que especial. – Viajei pelo menos dez vezes ao sertão.

Outro vestido de noiva dos sonhos e também na casa dos cinco dígitos foi encomendado para o casamento da filha da empresária Celita Procópio, a dona da Faap.

A estilista não queria que a anágua do forro de tule tivesse emenda. Descobriu a fábrica Sophie Hallette, única no mundo que tinha um tear de sete metros para fazer um tule de seda com essa metragem. Embarcou para a França com Kaline, sua fiel escudeira em viagens ao redor do mundo para desfiles e também encomendas especiais, como aquela.

– Kaline e eu fomos para a fábrica, que ficava a quatro horas de viagem de Paris – relata a estilista, que fez questão de acompanhar a produção e separar 11 quadrados de 7 metros × 7 metros de tule a ser usado no vestido de noiva. – Recortei o centro dos quadrados do tamanho exato da cintura da noiva, de forma que o vestido não tivesse nenhuma costura. Exatamente como são feitos os grandes modelos de alta-costura. Tudo isso para fazer a anágua do vestido, algo que ninguém ia ver. Imagine o resto. O mais importante era como a cliente ia se sentir, e não só o que os outros iam ver. É o fato de comprar zibeline de seda, o tecido mais caro que existe para fazer forro – salienta Martha. – Quando, em geral, não se usa um tecido tão nobre nem para fazer o próprio vestido, em razão do preço elevado.

Requintes que podem fazer um modelo custar quatro vezes mais o valor de um vestido de noiva sob medida da grife giram em torno de 25 mil a 30 mil reais. Nessas empreitadas de trabalho minucioso, sem hora para acabar, o resultado glamoroso esconde labuta movida a paixão e talento.

– Kaline é a minha grande cúmplice – reconhece Martha. – É aquela que chora e ri comigo. Somos parecidas. Ela ganha o salário dela, mas não fica satisfeita se não realizar o melhor ou fizer algo diferente. É isso que a motiva.

A assistente também se orgulha da parceria, que vai além da relação patroa-empregada:

– A todo canto que chega, é como se Martha tivesse açúcar. É impressionante como conquista as clientes, em todas as línguas. Mesmo depois do sucesso, se aparecer uma noiva que precisa se casar em dois dias, ela começa a arrumar tudo em um instante. Adoro ficar ao lado dela nessas horas, fico fascinada com a criatividade de uma estilista que pesquisa muito.

– Kaline é minha maior discípula. É como uma filha para quem passei tudo que sei. O desejo dela de aprender é o que mais me motiva a dividir esse conhecimento – devolve Martha.

Ao longo dos anos, a bordadeira se tornou bem mais que uma auxiliar, ao absorver os conceitos do DNA da marca e traduzi-los em criações próprias. O trabalho de alta-costura propiciou à bordadeira alagoana cursos de especialização, como o de *moulage*, a técnica de modelagem tridimensional feita no manequim. O talento e a disposição que a elevaram à condição de assistente de Martha Medeiros garantiram de quebra passaportes carimbados em todos os hemisférios.

– Já viajei o mundo todo acompanhando a Martha – afirma Kaline. – Nunca tinha ido nem para o interior, que dirá para São Paulo. Martha me levou para Dubai, França, Estados Unidos. Lugares que nunca imaginei conhecer. Vi coisas lindas, mas fico na minha. Martha é muito simples, deixa a gente à vontade. Em um palácio, hotel de luxo ou no quartinho. Não tem estrelismo. Fica sempre junto com a gente.

Depois de mais de uma década de trabalho na grife, Kaline festeja conquistas, entre provas de vestidos de sonho.

– Eu comprei meu apartamento, um carro, fui conquistando coisas com um trabalho que nunca imaginei fazer – contabiliza a assistente.

Não por acaso, Samara e Kaline emprestaram seus nomes para as marcas populares de confecção criadas por Martha na garagem de casa, quando adquiriu as primeiras máquinas industriais e precisava fazer dinheiro rápido para pagar o investimento. A ideia surgiu quando Martha visitou a feira de Toritama (PE), conhecida como a capital do jeans. A cidade do agreste de 40 mil habitantes produz 20 milhões de peças por ano, o equivalente a quase um quinto da produção brasileira.

– Gélio e eu tínhamos acabado de chegar dos Estados Unidos, quando uns amigos de Caruaru nos convidaram para ir ao Festival de Jeans de Toritama – conta Martha sobre o grande mercado, daqueles típicos da Índia, com barraquinhas de lona, onde uma jaqueta jeans era vendida a 5 reais.

Martha estava vestida com uma calça e uma jaqueta da Ralph Lauren, a famosa grife norte-americana de *jeanswear*, quando foi abordada na feira por uma compradora.

– Mulé, onde tu *comprasse* esse jeans que tá usando? – perguntou uma mulher, com o característico sotaque pernambucano.

– É da barraca Ralph Lauren! – respondeu Martha.

– Vixe. Essa aí eu não conheço, não! Eu só conheço Samantha's Fashion, Andreza's Fashion, Washington's Fashion, Willian's Fashion – rebateu a pernambucana, descobrindo o padrão apóstrofo-fashion dos nomes das barracas ali.

Martha acabara de encontrar o nome para as roupas que produzia na garagem de casa para vender no interior: Kaline's Fashion e Samara's Fashion. Um atalho popular na trajetória rumo ao *glamour* da alta-costura, numa jornada feita a muitas mãos: a das rendeiras no sertão, das bordadeiras e costureiras nos ateliês, das vendedoras em Maceió e São Paulo. Uma cadeia de valor em torno de uma estilista que transita por todos esses ambientes, com a certeza de que a renda sempre mereceu estar no tapete vermelho.

Uma jornada com encontros inesperados, como no lançamento conjunto com a homônima escritora gaúcha Martha Medeiros, autora que ultrapassou a marca de 1 milhão de livros vendidos, com obras como *Divã*, *Doidas e santas* e *Feliz por nada*. Em novembro de 2015, a estilista nascida em Maceió e a cronista de Porto Alegre festejaram o sucesso em suas respectivas áreas de atuação, na loja da alagoana na Melo Alves. Uma tarde de autógrafos da escritora com direito a desfile da coleção Coral, desenhada pela estilista, em meio a risadas sobre o fato de muitas vezes terem sido confundidas.

Um episódio relatado pela Martha da moda foi o telefonema de Rogério Flausino, líder da banda Jota Quest.

– Sou louca por eles. Pensei: *meu Deus, me descobriram!* – brinca a estilista.

Sem perceber o engano, o cantor explicou que era também um fã e que estava fazendo uma música em homenagem à escritora.

– Amo o que você escreve – disse Flausino.

Só então a estilista percebeu que era a Martha Medeiros errada. O mal-entendido virou anedota e não impediu a adaptação de uma crônica da escritora pela banda pop mineira.

– Já aconteceu de Martha me ligar dizendo que entrou em um hotel e mandaram ela para a suíte presidencial. No quarto, tinha um bilhete dizendo que adoravam o que ela escrevia – contou a escritora ao site *Glamurama*. – Desde que a gente soube que existia outra Martha Medeiros, queríamos esse encontro, tornar público quem somos e nos divertir com isso. Temos o mesmo tipo de humor, então vamos divulgar o trabalho uma da outra, somar forças!

E quem priva da intimidade de Martha, a estilista, desfruta de sua capacidade de colorir os episódios grandes e pequenos da sua vida com as cores do humor e da dramaticidade.

– É uma atriz, no sentido de que interpreta as próprias vivências de forma muito divertida e sabe entreter a todos com as muitas histórias que viveu. É muito carismática e alegre – define a amiga Luiza Helena Trajano, em uma convivência de mais de uma década, desde que foram apresentadas por uma amiga em comum em 2009. – Martha nos faz dar boas risadas, mesmo relatando momentos bem difíceis da vida.

A estilista alagoana lembrava muito o jeito espontâneo da empresária que lidera o grupo Mulheres do Brasil.

– Depois que nos encontramos, nunca mais nos largamos. Martha é uma das pessoas mais inquietas, no sentido positivo, que eu conheço. Tem um vulcão dentro dela. Ela não para e tem um talento criativo único, de olhar para uma pedra e transformá-la em mesa – define Trajano.

– A gente é igual, a única diferença é a conta bancária – afirma Martha, aos risos, ao parabenizar Luiza, que acabara de ser reconhecida entre as 100 Personalidades do Ano de 2021 pela revista americana *Time*.

– Com seu carisma, Martha vai agregando amigos e fazendo conexões, uma arte que a alagoana traz em seu DNA – diz Trajano, também dona de uma trajetória ímpar como empresária.

Como cliente e amiga, ela acompanhou a ascensão e a luta da estilista para construir uma marca de luxo.

– Martha é a melhor vendedora que conheço – avalia a empresária, ao exaltar as qualidades da colega alagoana.

Capítulo 7

RECOMEÇOS NO MEIO DO CAMINHO

O primeiro negócio formal de Martha Medeiros foi uma butique em um ponto comercial modesto em Maceió, na Galeria 377, na Praia de Pajuçara, na bela orla de Maceió.

Antes de se estabelecer, a sacoleira que vendia roupas no banheiro do banco ou na casa das clientes teve como primeiro ponto informal um dos quartos do apartamento da mãe, também chamada Marta, mas sem o H, moradora de um prédio de classe média alta em Maceió.

– Minha mãe morava num apartamento grande e me propôs botar a loja em um dos quartos. Virou minha sócia. Muitas clientes moravam naquele prédio – recorda-se Martha. – Como ainda trabalhava no Banco do Brasil, continuei levando sacolas para vender no banheiro. Mesmo quando abrimos uma loja pequenininha, eu colocava as roupas dentro do nosso carro velho e levava na casa das clientes. Às vezes, elas não compravam nada. Eu voltava chorando, comia e ia dormir.

O excesso de trabalho seria compensado com a formalização do negócio. Uma amiga da família, que também tinha loja em casa, ficou sabendo da abertura da primeira galeria comercial em construção no bairro de Pajuçara. Foi ela que sugeriu à Martha que cada uma comprasse uma loja no local. Juntaram-se a outros doze comerciantes no minishopping popular, que passaria a funcionar no número 377 da avenida litorânea. O primeiro endereço formal da futura estilista famosa. Quando Martha foi para São Paulo fazer o curso de moda, surgiu a oportunidade de transferir o ponto interno para um de frente, na mesma galeria, com vitrine para a praia. Progresso acompanhado a distância, mas sempre presente.

– Nessa fase do curso, minha mãe tocava tudo sozinha em Maceió, enquanto eu comprava mercadoria em São Paulo e também fazia peças para vender na nossa loja – explica Martha. – A gente só tinha uma funcionária, a Nadeje, que costurava todas as peças da nossa pequena confecção. Que também tinha uma linha própria, a Nadeje's Fashion. Tudo para fechar as contas. Brincávamos que eram roupas importadas da "Pará Street, number 41", uma casinha na Rua Pará, onde eu, minha mãe e a funcionária produzíamos com etiqueta própria.

O negócio incipiente começou a florescer e surgiria uma nova oportunidade de transferência, para um ponto em um novo bairro, Ponta Verde, que despontava com prédios de luxo na capital alagoana. A empreendedora nata que negociava na feira virou a dona da Martha's Boutique, multimarcas que funcionou até 2006, quando foi fechada após desavenças familiares e mágoas que levaram anos para ser curadas.

Antes do desfecho, mãe e filha agarraram a chance de subir um degrau a mais e instalaram o negócio numa esquina, em um ponto pequeno, mas numa localização mais nobre. O ponto foi um sucesso comercial. Logo, Martha e a mãe comprariam a loja vizinha e depois mais outra, ampliando o espaço e o número de marcas vendidas em suas araras.

– Nós fomos crescendo, assim como nossa confecção própria. Criamos uma marca que era a Martha's Secret, porque as roupas eram produzidas na casinha que minha mãe tinha no bairro Farol. A gente dizia que vinha tudo do Rio de Janeiro ou dos Estados Unidos. O que fazia sucesso na época era a moda carioca e também roupas importadas – explica a empreendedora. – Martha's Secret era o segredo de marca.

As sócias traziam muita mercadoria de Miami. Martha e dona Marta viraram sacoleiras internacionais. A filha talentosa logo descobriria que a produção própria era o pulo do gato.

– A roupa que nós mesmas produzíamos bombava. Era chegar à loja e vender tudo no mesmo dia – relata a empresária, que via nascer ali o seu destino como criadora de moda. – A equipe da confecção éramos eu e uma funcionária. Depois, contratei mais duas.

Os *tops* e jaquetas customizadas por Martha faziam sucesso. Assim como a arara especial com peças de renda que ela produzia a cada verão, para ter produtos diferenciados fora da liquidação de férias, que se destacavam em meio a criações de estilistas renomados e carros-chefes da multimarcas.

Enquanto Martha começava a mergulhar em um trabalho mais autoral na pequena fábrica e com rendeiras locais, dona Marta decidiu passar a parte dela da sociedade para a filha caçula, Márcia, vinte anos mais nova que a primogênita. Foi quando surgiram os problemas que iriam desaguar no rompimento da sociedade. Márcia foi cursar faculdade no Recife, e tinha uma rotina distante do dia a dia do negócio, que ia deslanchando pelas mãos habilidosas da irmã já empreendedora calejada.

– Foi uma época muito difícil, pois eu e minha irmã estávamos em momentos muito diferentes – pontua Martha. – Márcia vinha para Maceió apenas nos fins de semana, mas às vezes preferia ficar no Recife com o namorado – enquanto eu estava com 40 anos, querendo que meus filhos fossem para as melhores faculdades do mundo. Ela queria casar. Eu, ganhar dinheiro para fazer o pé de meia, no auge da força de trabalho.

A divisão de 50% para cada uma começou a gerar desconforto. Um segundo ponto de atrito era o fato de Martha ter se tornado fornecedora do negócio. Como ela produzia roupas, achava justo ser remunerada pelas peças próprias.

– Chegamos a um acordo em que eu teria uma margem de 40% sobre as roupas que produzia e vendia na nossa loja – explica Martha. – Minhas peças tinham muito valor agregado. O que custava mais eram a ideia e o tempo. Então, além do salário da loja, eu recebia esse valor a mais pelas roupas que produzia. Como vendia bastante, ficava com uma porcentagem grande. Isso começou a gerar uma insatisfação muito grande.

O imbróglio familiar foi parar na justiça. O resultado foi o fim da sociedade e o fechamento da loja. Ficaram mágoas e dívidas. Não era um caso de falência, pois o faturamento da loja estava no azul, com vendas altas. Mas a briga resultou em um passivo trabalhista e tributário. Era preciso quitar o contrato de aluguel, pagar fornecedores de um negócio que se desfez de forma traumática para todos os envolvidos.

– A sociedade faliu, não o negócio – explica Gélio Medeiros, que ficou do lado da mulher para superar o baque financeiro e comercial. – Era uma empresa familiar malconduzida, mas o faturamento da Martha's Boutique foi de 400 mil reais no último mês antes de fechar.

A multimarcas era o ganha-pão da família Medeiros. Martha e Gélio já haviam pedido demissão do Banco do Brasil para empreender. O marido trabalhava no comércio de carros e auxiliava a mulher na confecção incipiente. O rompimento com a família da estilista deixaria marcas profundas.

– Sobrevivi porque tive o apoio do Gélio – diz Martha.

Endividado e sem a multimarcas, o casal foi forçado a alugar uma casa em um conjunto habitacional popular para abrigar temporariamente um novo negócio.

– Ficava numa ruazinha próximo a um bairro nobre, onde as minhas clientes moravam. Voltei a ser sacoleira. Quebramos uma parede da sala de casa e unimos com um dos quartos para fazer um *showroom* – descreve Martha, lembrando-se de cenas como a do marido pintando as paredes. Contou com o apoio de funcionárias, que após o fechamento da multimarcas seguiram no atendimento na casinha até a abertura de uma nova loja. – Fiquei um bagaço. Eu tinha a melhor loja da cidade e de repente estava vendendo numa salinha. Mas em hora nenhuma eu me lamentava por estar num endereço em um conjunto habitacional. Eu acreditava que estava abrindo um novo ciclo. Muito maior e melhor. Essa visão positiva sempre me ajudou em momentos difíceis da vida.

Uma memória forte dessa época de crise foi a chegada de um credor, o dono do prédio onde funcionava a antiga loja. Martha ainda devia o equivalente a dez meses de aluguel. Ao ver seu Zelilo Lajes entrando pela porta da casa onde estava instalada provisoriamente, a empresária foi se justificando:

– Assim que puder, eu vou lhe pagar – disse Martha.

– Eu não vim aqui para lhe cobrar – respondeu o senhor. – Eu estou aqui para lhe dizer que dentro da senhora tem uma estrela. O Brasil vai ser pequeno para conhecer o seu talento.

– Ter ouvido aquelas palavras foi incentivo para continuar – diz Martha.

Foi do enrosco familiar que nasceu a grife Martha Medeiros. O recomeço forçado foi impulso para a empresária endividada investir, em definitivo, na criação de moda.

– Não podia mais usar o nome Martha's Boutique, por causa do processo judicial. Na casinha, passei a usar Martha Medeiros, o sobrenome de casada, da família do Gélio – explica a estilista, sobre o nascimento forçado da marca com a qual ficaria famosa. – Meu marido estava sem trabalho fixo havia mais de um ano. Começou a comprar e vender carro.

Contava com ele e com as funcionárias que ficaram comigo após a separação do negócio. Não tinha 1 real para recomeçar.

Onde iria arrumar dinheiro para comprar roupa para a nova lojinha doméstica? Inquietações práticas que se somavam às dívidas e despesas crescentes com os filhos. Martha vivia a pressão de bancar o filho mais velho, que cursava uma faculdade privada em São Paulo. Naquele momento de crise, ela só tinha a certeza de que precisava continuar na moda. Uma convicção que virou combustível para o recomeço. A alagoana arretada decidiu ir para São Paulo, munida do único crédito à mão: a rede de contatos. O primeiro da lista era o estilista Tufi Duek, à frente de marcas de sucesso, como Forum e Triton.

– Marquei com Tufi na fábrica. Falei que não tinha dinheiro e precisava comprar para ter o que vender e fazer a roda girar – recorda-se Martha da conversa frutífera.

A resposta de um dos mais incensados empresários da moda nacional ficou gravada na memória. Tufi autorizou a cliente alagoana, com a qual trabalhava havia alguns anos como fornecedor da multimarcas recém-fechada, a ir ao *showroom* escolher as peças de que precisasse para abrir o novo negócio. Deu prazo de três meses para prestação de contas.

– Pode devolver o que não vender – afirmou Duek.

Foi um acordo de pai para filha. Sem capital de giro, ela conseguiria, assim, no mês de outubro, mercadoria cobiçada e vendável para turbinar as vendas de fim de ano. Uma luz no fim do túnel da quebradeira iminente. Voltou para Maceió com o que havia de melhor das marcas assinadas por Tufi Duek. O empurrão permitiu que a veia de vendedora nata fosse explorada com sucesso nos meses seguintes. Martha e as funcionárias se desdobravam na curadoria, selecionando as peças que tinham a ver com as clientes, que eram recebidas com araras recheadas de roupas para lhes agradar.

– Várias clientes fiéis fizeram compras grandes para me ajudar. Ia juntando cheques e pagando duplicatas vencidas. Estava com o nome sujo na praça. Não tinha firma registrada. Minha vida empresarial tinha implodido – resume Martha.

Poucos meses depois, a empreendedora pré-falimentar prestou contas a Duek, o fiador do recomeço. Com cheques pré-datados como garantia, Martha e o marido, agora sócio formal, conseguiram alugar uma casa em um bairro nobre para instalar um novo ponto, com os letreiros *Martha Medeiros*, marca que o Brasil inteiro iria conhecer e aplaudir.

A sogra foi a fiadora. A mãe de Gélio, a funcionária pública Marinalva Balbino, tinha salário fixo e imóveis. Garantias necessárias para alugar o melhor ponto, no melhor bairro da capital, e inaugurar a loja.

– Muitas pessoas torceram por mim. Prefiro não enxergar aquelas que não torciam – diz Martha. – Nunca vou esquecer a sensação do dia da inauguração da Martha Medeiros, que ainda funciona no mesmo endereço em Maceió. Nunca senti nada igual àquela energia das trezentas clientes que passaram por lá, ávidas por comprar na nossa nova loja.

Quatro meses depois de abrir formalmente o negócio, as vendas bombavam. Entradas que permitiram quitar 150 mil reais em dívidas e também o investimento na loja recém-inaugurada.

– Em quatro meses, conseguimos pagar tudo o que devíamos e ter um capital de giro para o negócio crescer – contabiliza a estilista.

Nessa virada dos negócios, Gélio passou a trabalhar em definitivo com a mulher, sempre na retaguarda.

– Eu era o financeiro, o RH, área de sistemas e manutenção – enumera o marido e, a partir de então, sócio.

Nesse embalo e com foco em crescimento da marca, um ano depois Martha Medeiros abriria a primeira filial, que logo se tornaria sede dos negócios, em São Paulo.

Em 2007, em um jantar com o filho mais velho, que estava para se formar na conceituada Fundação Getulio Vargas (FGV), partiu do futuro administrador de empresas a ideia de abrir uma loja na capital paulista. As vendas permitiram a Martha sonhar mais alto e mirar São Paulo, capital nacional da moda. Um ano depois da derrocada, lá estava a alagoana procurando um ponto para abrir uma unidade Martha Medeiros nos Jardins, onde reinavam as grandes grifes nacionais e internacionais.

– Conseguimos juntar 67 mil reais para abrir uma loja bem pequenininha, na Melo Alves. Só a fiança do ponto ficou em 50 mil. Sobraram 17 mil para fazer a reforma – Martha refaz as contas, anos depois de ousar posicionar sua vitrine nos arredores do metro quadrado mais caro do mundinho fashion paulistano. – Antes de abrir a loja, investi na clientela. Fiquei sabendo que ia ter a feira Casar, organizada pela Vera Simão, no terraço Daslu. Falei para mim mesma: "Meu Deus, eu preciso participar de um negócio desse". Quando olhei o preço do estande para expor lá, quase desisti. Não conseguiria pagar.

Como não é do tipo que desiste facilmente, Martha resolveu telefonar para a organizadora da feira. Agendou um encontro para mostrar os vestidos de renda artesanal com os quais sonhava conquistar a clientela abastada de São Paulo. O diálogo com Vera Simão foi olho no olho, tendo os modelos feitos à mão como cartão de visita.

– Faço uns vestidos superbonitos, mas não tenho dinheiro – disse Martha, de cara.

Vera Simão enlouqueceu quando viu o trabalho de renda artesanal, novidade interessante a ser apresentada na feira dali a dois meses.

A dona do evento encaminhou a estilista de Alagoas para um encontro com Márcia Dadamos, da agência de relações públicas daquela edição da Casar. O veredito da profissional de marketing foi certeiro:

– Isso vai dar muita mídia, Vera, tem que ter na Casar deste ano.

A alagoana sem dinheiro no banco para bancar a aposta saiu da conversa com um acordo camarada. Teria um estande no evento sem pagar pelo espaço, mas cobrindo os custos terceirizados, como locação de mobiliário.

– Fizemos as contas e consegui pagar. E, conforme previsto, dei muita entrevista durante e depois da feira – celebra Martha, lembrando-se de como aquela oportunidade foi importante para sua entrada no mercado paulistano.

A nordestina que faz vestidos de princesa e sofisticou o uso da renda na alta-costura foi notícia e ocupou espaço em programas de TV. Deu entrevistas em atrações populares, como a comandada pelo humorista Tiririca, e no horário nobre, ocupando até o disputado sofá do programa da Hebe Camargo.

– Na época, fazer um desfile na Hebe era o top do top. E ainda participei do programa do Jô Soares, na Globo – elenca a estilista.

Ao final da feira Casar, ela havia vendido quinze vestidos de noiva. Um sucesso de vendas e de público. Sinal de que o mercado poderia se abrir de forma consistente para uma grife com sotaque nordestino e contemporânea no design.

Depois da Casar, Martha concentrou suas energias na aventura de abrir a primeira loja na capital paulista. Só que o dinheiro acabou bem no meio da obra. A empresária chegou a ir à imobiliária para devolver as chaves. A corretora não aceitou e devolveu o dinheiro do seguro-fiança para dar fôlego à estilista. Foi com os 50 mil reais que Martha terminou a reforma e conseguiu inaugurar a loja em novembro de 2008.

E uma nordestina abrindo uma loja especializada em renda do sertão na área nobre de São Paulo passou a chamar a atenção da mídia, graças à vontade férrea da estilista de cavar espaços nas publicações importantes do país.

– Meu negócio era aparecer na mídia para conseguir me estabelecer no mercado paulistano. Mandei um *top* para a revista *Manequim*, que era dirigida pela Penha Costa, minha ex-professora. E mandei peças para a revista *Nova*. Fui capa das duas publicações. Ivete Sangalo vestiu o *top* Martha Medeiros na *Nova* e repostou a foto nas redes sociais dela. Concluí que o caminho era aquele e fui fundo por aí, ao mesmo tempo que investia na reforma da loja – lembra a estilista.

Sem assessor de imprensa nem agência de relações públicas, era ela mesma que exercia a função de promover o próprio trabalho e cavar espaço em revistas de celebridades e publicações especializadas. A primeira tentativa de contratar uma assessoria de imprensa paulistana foi um fiasco e entrou para o folclore da marca. Ao bater à porta de uma agência especializada em moda, na Rua da Consolação, ela ouviu do dono um veredito desanimador:

– Você quer montar uma loja cheia dessas roupas de feira aqui em São Paulo? Paulista não vai usar isso – declarou um incrédulo e equivocado relações-públicas. E prosseguiu, numa toada nada animadora: – E quer botar isso numa vitrine nos Jardins? Não venha para São Paulo. Seu negócio não vai dar certo. E com esse sotaque? Nordestina, gordinha. Fique lá em Maceió, onde está dando certo.

Apesar do preconceito e do ar esnobe, a alagoana ainda insistiu para que o RP ajudasse a marca Martha Medeiros a se colocar no mercado. Nada feito. A agência de comunicação perdeu a chance de atender a estilista que seria a mais badalada nos próximos anos – no país e no exterior. A nordestina gordinha e de sotaque forte ocuparia vitrines de grandes lojas internacionais no circuito Nova York–Londres–Paris.

A ousadia, o talento e a capacidade de autopromoção sempre falaram alto e explicam o sucesso fulgurante da estilista alagoana. Uma trajetória impulsionada por clientes que viraram fãs, entre elas a artista plástica Bia Doria, casada com o ex-governador João Doria. Na época, a empresa dos Doria realizava a Casacor, o mais importante evento do setor de decoração no país. Depois do sucesso na Casar, Martha foi convidada para realizar um desfile no Jockey Club de São Paulo, em um espaço exclusivo e desejado, diante de uma plateia composta pela elite paulistana.

– Passarinho que acompanha morcego dorme de cabeça pra baixo – alertou o filho Gélio Costa Medeiros, então um executivo em início de carreira, após se graduar em Administração na FGV em São Paulo, lembrando a mãe de que ela não teria dinheiro para se meter em algo que exigiria investimento e profissionalismo. – Quem vai pagar a conta?

Martha abriu o jogo com Bia Doria e disse que não se sentia preparada para dar um passo grande como aquele, quando apostava suas parcas economias no novo mercado.

– Não aceito um não como resposta – disse o próprio João Doria, em um telefonema no qual convenceu a estilista a fazer o desfile, garantindo que conseguiria um patrocinador.

Além de comprar um vestido Martha Medeiros para si e para a filha, Bia Doria escreveu cinquenta convites de próprio punho para turbinar a primeira fila do desfile da estilista desconhecida.

– Eu só tinha visto a Bia na *Caras*. Sou muito grata ao casal Doria. Participar da Casacor foi um divisor de águas na minha carreira. Só via os convidados poderosos e famosos descendo de helicóptero – diz a alagoana.

O desfile na Casacor, realizado em 5 de julho de 2010, saiu na *Caras* com o título "Martha Medeiros seduz VIPs com fashion show".

– Se não é para sair na *Caras*, eu nem vou – brinca Martha, sobre o seu lema, desde que descobrira o caminho das pedras para ocupar as páginas da revista de celebridades.

A reportagem destacava a presença da mulher do governador Geraldo Alckmin, socialites e artistas.

– Era como se eu tivesse saído de pau de arara de Maceió para estar ali, um ano depois, com toda aquela gente e uns cinquenta fotógrafos registrando o meu desfile. Por isso, sempre digo: Deus é meu sócio – exulta a estilista.

Com as bênçãos celestiais e da alta sociedade, Martha foi conceder entrevista para o programa de Amaury Jr., presente nos mais badalados eventos sociais do país. O desfile da Casacor apareceu em todas as publicações importantes do Brasil. A alagoana começava a pavimentar a expansão de um negócio que em breve deixaria de ser regional.

– A repercussão do desfile foi tamanha que no dia seguinte abrimos a loja com três mulheres da alta sociedade na porta esperando para comprar. Sobrenomes de peso no PIB brasileiro. Mulheres de grandes empresários e banqueiros.

– O que eu fiz para apoiar a Martha Medeiros no começo da carreira é o que faço no governo de São Paulo com artesãos e empreendedores. Detesto dar esmolas, quero ver essas pessoas empreendendo – compara Bia Doria, então presidente do Fundo Social de São Paulo, função que havia assumido após a eleição do marido, João Doria, como governador em 2019. – Artesanato é uma riqueza, e o artesão precisa pensar grande. João e eu temos paixão por produtos artesanais genuínos.

O casal Doria se apaixonou pelo trabalho de Martha Medeiros na barraca de feira em Maceió, décadas antes de abrir caminho na alta sociedade paulistana para a estilista.

– Conheci a Martha em uma barraca na feira, onde vendia pano de bandeja e roupas. Aquela era a renda com a qual sonhávamos havia tempos. Era a valorização do feito à mão – recorda-se Bia.

Desde o primeiro contato, a alagoana avisou a cliente paulistana que pretendia se estabelecer em São Paulo.

– Um dia ela veio com uma mala cheia de renda. Fiquei enlouquecida pelas saias, blusas. Comprei tudo – relata Bia.

E fez mais, quando o Grupo Doria propiciou o debute da marca Martha Medeiros na tradicional Casacor, no não menos tradicional Jockey Club de São Paulo.

– Fomos donos do evento por alguns anos e transformamos a Casacor em algo gigante, com restaurantes, desfiles. E convidamos a Martha para ser a estrela principal daquela edição – explica Bia. – Fiz bilhetinho para as maiores consumistas de São Paulo e gente que ditava moda, como Daniela Mercury, e mulheres de todos os grandes empresários que frequentam o Lide [Grupo de Líderes Empresariais, capitaneado por João Doria]. Para cada uma escrevia uma mensagem especial, convidando para conhecer o artesanato brasileiro que virou alta-costura. Foi um sucesso. Todas começaram a usar Martha Medeiros. Virou febre.

Os vestidos sofisticados de renda feitos à mão logo caíram no gosto de mulheres que figuravam na lista das mais elegantes de São Paulo, como Chella Safra, Liana Moraes e Anna Claudia Rocha. Clientela sofisticada, que batia ponto no ateliê de uma grife nacional e ainda pouco conhecida, pagando por modelos que custavam o mesmo que um exclusivo Dior ou Chanel, grifes internacionais que povoam seus *closets*.

Dois anos depois de desembarcar em um ponto modesto na capital paulista, a Martha Medeiros era transferida para uma loja em frente, na mesma Rua Melo Alves, ocupando 400 metros quadrados, um espaço oito vezes maior que o da estreia em terras paulistanas. Foi dali que a estilista começou a trilhar voos maiores e olhar para o mercado internacional.

Nessa jornada inicial no mercado paulistano, Martha Medeiros contou com uma inesperada consultoria de peso. Camilla Coatti, ex-diretora de novos negócios da Daslu, acompanhou esse desabrochar de uma marca genuína. Primeiro como cliente. Ela foi apresentada ao trabalho da estilista alagoana ao visitar a feira Casar, que acontecia no Terraço Daslu, localizado no último andar da famosa multimarcas. O espaço na Vila Olímpia abrigava diversos tipos de eventos sociais e corporativos, como festas, desfiles e feiras.

– Era um dia de muito trânsito e resolvi passear enquanto durava o engarrafamento. Fui visitar a Casar e me deparei com o estande da Martha Medeiros – conta Camilla, que era então responsável por trazer marcas como Valentino e Chanel para a multimarcas de luxo comandada por Eliana Tranchesi, que entrou para a história do mercado AAA no país e cairia em desgraça após um escândalo de sonegação.

A arquiteta formada em Florença, na Itália, com MBA em produtos e serviços de luxo pela Faap, ficou impressionada com o que viu: o contraste do ambiente modesto com a sofisticação do trabalho da estilista alagoana.

– Era tudo muito simples. Só havia uma arara com os vestidos e duas rendeiras sentadas – descreve Camilla. – Eu me apaixonei pelos modelos expostos e decidi ali que iria me casar com um vestido feito por aquela mulher.

E assim foi, para espanto da mãe, que ficou surpresa quando a filha, que representava as marcas mais caras e requintadas do planeta, decidira se casar com um vestido assinado por Martha Medeiros, uma estilista desconhecida que nem sequer tinha loja em São Paulo.

– Casar com um vestido de Martha Medeiros? Você está louca! Encomendar um vestido de renda em vez de fazer um modelo exclusivo na Daslu ou com algum estilista renomado? – indagava, inconformada, a matriarca da família Coatti.

Camilla se lembra da cara de terror da mãe ao parar com o carro na loja da Melo Alves, que ainda iria passar por uma reforma antes de abrir suas portas oficialmente em alguns meses. O espaço vago, todo azulejado, com luz fria, deixava uma impressão mais terrível. Ela acertou ali mesmo a encomenda do vestido dos sonhos com o qual se casaria, em novembro de 2008. Escolheu um modelo bege de renda.

– Vi aquela renda renascença bege e definimos um modelo bem acinturado, com decote coração e saia de babados até o chão – conta Camilla.

A prova foi marcada para dali a dois meses. A mãe, ainda de cara amarrada, duvidava da entrega. Camilla resolveu levar também a avó para um segundo encontro com Martha, quando esperava para fazer os ajustes no modelo escolhido.

– Para nossa surpresa, o vestido já estava pronto, maravilhoso, sem necessidade de retoques. Minha mãe e minha avó babaram. E eu fiquei feliz da vida com minha escolha – resume a cliente de primeira hora, que se converteria em uma peça-chave na construção da marca Martha Medeiros nos anos seguintes.

Quando a estilista inaugurou a loja em São Paulo, Camilla coincidentemente havia pedido demissão da Daslu. E passou a dar uma consultoria para a estilista, que havia traduzido o seu sonho de noiva com maestria. Com livre trânsito no circuito internacional e entre a elite paulistana, a arquiteta trabalhou para a marca Martha Medeiros de 2008 a 2016, na fase de profissionalização e conquista dos mercados nacional e internacional.

Capítulo 8

DO SERTÃO PARA O MUNDO, VIA HOLLYWOOD

— Foi o vestido mais lindo que fiz na vida – afirma Martha Medeiros, ao se recordar do modelo que criou para a cantora Ivete Sangalo se apresentar no encerramento da Copa do Mundo de 2014 no Brasil.

A rainha do axé surgiu poderosa, diante de uma audiência global estimada em 1 bilhão de pessoas, em um vestido rendado cravejado com 20 mil cristais Swarovski, modelado no corpo. Para chegar ao palco montado no centro do gramado do Maracanã, o tecido rendado do longo verde consumiu o equivalente a dois anos de trabalho de vinte rendeiras. Foram necessários quinze dias para a montagem do modelo no ateliê da estilista em São Paulo. Duas equipes se revezaram em dois turnos, para que tudo saísse no prazo.

Para o time Martha Medeiros teve um sabor especial a apresentação de Ivete, ao cantar "Poeira", um dos seus maiores sucessos, e dançar no palco acompanhada por Shakira, Carlinhos Brown e Alexandre Pires, antes de as seleções da Argentina e da Alemanha disputarem a final. Uma festa bem brasileira, em uma Copa do Mundo em que os alemães se sagraram campeões no Brasil, e a seleção verde-amarela, favoritíssima, passou pelo vexame de uma eliminação, na derrota por 7 a 1 nas semifinais.

A estilista acompanhava aquele espetáculo único pela tevê. Estava na Praia do Francês, em Maceió, desligada da Copa do Mundo, mas naquele dia entrou em sintonia com os fãs de futebol do planeta. Logo depois de sair do palco montado em um Maracanã lotado para a final, Ivete telefonou para a estilista.

– Foi emocionante ouvir meu telefone tocar naquela hora. Era ela – relata Martha.

– Pense numa pessoa feliz, realizada e se sentindo linda, sou eu! – disse-lhe a cantora.

Do outro lado da linha estava também outra mulher feliz e realizada, ao ver uma artista brasileira usando um Martha Medeiros entrar segura e linda em um dos maiores espetáculos midiáticos do planeta. A exposição mundial do modelo rendado no corpo da cantora rendeu à estilista alagoana 50 mil novos seguidores no Instagram naquele dia. As notificações de novos seguidores foram a senha para Martha se ligar de que a explosão de visibilidade da Copa do Mundo começara.

Ivete Sangalo era cliente *habituée* da marca, em ocasiões como gravação de DVD e de especial de fim de ano da Globo, além de shows, festivais e premiações dentro e fora do Brasil.

– Eu tinha certeza de que o Brasil ia pedir para ela cantar na Copa do Mundo e ela estaria lá vestida de Martha Medeiros! Minha fé nunca falha! – recorda-se a estilista.

No entanto, a participação da estrela da axé music demorou a se confirmar. Em junho, a estilista viajou para encontrar o filho caçula, Gustavo, que mora nos Estados Unidos. O combinado era tirar uns dias em família, percorrendo a Rota 66. Quando estava a trezentos quilômetros de Las Vegas, a estilista recebeu um telefonema de Ivete que a fez mudar de planos.

– Em um hotel à beira da estrada, toca o meu celular. Era a Ivete para me dizer que queria que eu fizesse a roupa para ela se apresentar na Copa do Mundo – relata a estilista.

Martha desligou o telefone e tomou o rumo de Las Vegas, onde encontraria o filho no dia seguinte. Deixou um bilhete para ele no hotel: "Gustavo, tô indo atrás de meus sonhos". Trocou a passagem de volta e pediu a uma funcionária que a encontrasse no aeroporto de São Paulo com todos os vestidos verdes que havia na loja. De Guarulhos, embarcou para Salvador, para começar a moldar a roupa mais do que especial no corpo da cantora. Um ateliê de alta-costura foi improvisado na casa de Ivete, na Praia do Forte. Faltavam quinze dias para o encerramento do Mundial. Período de trabalho incessante para criar um modelo inspirado em Carmen Miranda, um ícone internacional de brasilidade. O vestido foi feito em camadas circulares de renda estruturada com crinol, um aviamento importado da Alemanha, para dar o efeito de ondas na saia. Foi confeccionado sob medida para a artista em troca da publicidade planetária que geraria para a marca.

– Eu amo a Martha. Ela é solar, uma pessoa alegre, cheia de energia positiva, que enche o ambiente. Sempre tem uma coisa boa para dizer – devolve Ivete. – Quando nos conhecemos, foi uma afinidade instantânea. Esse jeito contagiante dela é parecido com o meu. Ela tem essa força de realização, ao mesmo tempo que tem doçura com o outro. Isso tudo se reflete na moda e no trabalho dela como estilista.

Outro fator de identificação é a origem nordestina.

– No Mundial, quis trazer essa representatividade comigo também na roupa – diz Ivete, que viu de perto o trabalho das rendeiras ao aceitar o convite de Martha para visitar Piranhas (AL), na região do rio São Francisco, uma geografia cara para a baiana de Juazeiro. – Sou mulher do sertão, algo forte na minha personalidade, nascida à beira do São Francisco. Foi uma viagem que remeteu à infância. É o luxo do feito à mão por mulheres de vida simples, que conseguem dar sofisticação ao que fazem. As rendeiras têm essa força e um poder artístico muito absoluto, que foi ampliado por Martha, ao trazer para a moda a sutileza da renda nordestina.

A cantora se recorda especialmente do carinho com que foi recebida pelas rendeiras:

– Ver de perto aquelas mulheres fabulosas e talentosas me aproximou ainda mais do trabalho da Martha. Quando cheguei lá, vi que tudo era de verdade. A roupa, no final das contas, foi a maneira que ela encontrou como estilista para estar próxima das rendeiras.

A visita rendeu momentos especiais, como a cantoria durante o fazer renda:

– Elas cantam ao trabalhar e cantar é meu ofício. Eu sabia muitas daquelas cantigas e foi emocionante cantarmos juntas. Chorei eu, chorou meu maquiador, todo mundo. A renda também está associada à minha memória afetiva. Quando pequena eu ia para as feiras, onde as rendeiras vendiam os seus trabalhos.

A cantora baiana se converteu em garota-propaganda informal da marca, a ponto de presentear Beyoncé com uma saia rendada, quando a estrela esteve no Brasil para o Rock in Rio, em 2013. A *pop star* norte-americana usou o presente fashion que ganhou em Trancoso, onde gravou um videoclipe e passou alguns dias de férias após o festival.

– Eu quero essa roupa! – exclamou Beyoncé, ao cumprimentar a brasileira no *lounge* entre os camarins do Rock in Rio.

Ivete estava vestida para entrar no palco, com saia e blusa de renda. Prometeu ligar para a estilista e encomendar um modelito igual e sob medida para a gringa.

Logo depois da apresentação, Ivete cumpriu o prometido. Telefonou para Martha para fazer a encomenda de última hora.

– Quando a Ivete me ligou, eu estava em Londres visitando a Farfetch, uma loja on-line de grifes de luxo, uma das maiores do mundo – recorda-se a estilista. – Parei tudo e fui providenciar uma saia e uma blusa iguais às da Ivete, pois a Beyoncé queria a roupa para gravar um clipe em Trancoso. Olhei as fotos dela e calculei quanto ela tinha de cintura e de bumbum. Minha equipe produziu as peças naquela noite. No dia seguinte, Ivete fez o presente chegar às mãos da americana na Bahia. Dias depois, a revista *Veja* contava a história.

– Por essas e outras que sempre repito: Deus é meu sócio. Pode ter certeza! Eu mal sabia quem era a Beyoncé, nem como se escrevia o nome dela – admite Martha.

Em outubro de 2019, Beyoncé repetiu a dose, escolhendo ir a um evento com um vestido branco de renda renascença feito à mão, chamando atenção global para o trabalho da estilista brasileira.

– Beyoncé ainda não sabia da história da Martha e já tinha se apaixonado pelo trabalho dela. Percebeu a majestade da renda, que é ao mesmo tempo simples e sofisticada – define Ivete, que tem na sala de casa emoldurada uma foto com o marido, cercada de amigos, em um aniversário em que escolheu um modelito Martha Medeiros para vestir.

Ela também se recorda do longo rendado vermelho que usou em um show beneficente no Estádio da Fonte Nova, em Salvador. Foi uma noite memorável, em que cantou sucessos de Gil e Caetano para uma multidão, com renda revertida para o Hospital do Câncer. Ao final, o vestido maravilhoso também foi leiloado.

– Foi tudo lindo – resume a cantora baiana.

Antes de vestir a Ivete e outras estrelas de primeira grandeza das artes e da tevê, Martha já nutria o desejo confesso de chegar ao *closet* de famosas, não só pelo reconhecimento, mas também como estratégia de fazer o negócio prosperar.

– O sonho da minha vida era ver a Luciana Gimenez entrando numa loja minha para fazer compras – diz Martha.

A estilista acompanhava a fama repentina da modelo, que acabara de ter um filho de Mick Jagger. A brasileira conhecera o ídolo do rock após apresentação dos Rolling Stones no Rio de Janeiro.

A apresentadora de TV e mãe de Lucas Jagger tornou-se cliente *habituée*, assim como estrelas internacionais – a cantora Beyoncé e as atrizes Jessica Alba, estrela de *Sin City – a cidade do pecado*, e Elizabeth Hurley, por exemplo –, que passaram a envergar criações da brasileira em eventos e premiações. A alagoana, no entanto, nunca se esqueceu da primeira famosa a usar uma criação sua, quando a marca ainda era desconhecida e fazia malabarismos para conquistar seus dez minutos de fama. O caminho que levou a estilista alagoana até palcos e tapetes vermelho de premiações internacionais foi aberto por uma estrela nacional que se apaixonou pela brasilidade de Martha Medeiros.

– Quem eu vibrei mais em vestir na vida foi a Daniela Mercury! Muito mais que a Beyoncé – compara a estilista, olhando em perspectiva a verdadeira constelação de artistas e personalidades do showbiz que prestigiam a grife. – Eu morava em Maceió, quando o *stylist* dela me ligou para contar que a cantora ia para os Estados Unidos concorrer ao Grammy Latino e queria uma roupa bem brasileira. Emprestei um longo preto de renda renascença, que ficou perfeito nela.

A intérprete de "O canto da cidade" se tornou fenômeno para além das fronteiras brasileiras como rainha de um novo ritmo musical, o axé music. De carona no corpo da ganhadora do Grammy Latino, Martha Medeiros ocupou jornais e revistas no Brasil e no exterior, que abriram espaço para o reconhecimento de Daniela Mercury entre as melhores produções da indústria fonográfica latino-americana. O *look* elegante e com clara referência ao artesanal foi elogiado em várias publicações, entre elas a revista *Caras*, o sonho perseguido desde sempre pela estilista.

– Faço questão de vestir estilistas brasileiros se estou fora do país. Martha é dona de modelagem belíssima – avaliou a artista, em entrevista após a premiação.

A parceria Martha Medeiros e Daniela Mercury estava só começando. A estilista foi procurada para fazer o figurino da cantora no Carnaval de Salvador, o grande momento do ano para a estrela baiana. A cada dia, as estrelas dos blocos carnavalescos e cantoras dos trios vestem um *look* diferente para conduzir um espetáculo que puxa milhões de foliões.

Martha pediu que Daniela fosse a Maceió.

– Não tem problema, a gente vai – respondeu a assistente da cantora, para alívio da estilista do outro lado da linha, que se arriscara a fazer exigência para vestir uma artista de renome.

– O Brasil inteiro estava cantando "A cor dessa cidade sou eu", tá entendendo? E a mulher indo para Maceió para eu fazer a roupa dela – surpreendeu-se a alagoana.

Daniela Mercury estava à frente do camarote da revista *Contigo* e foi capa dessa publicação. Dentro, numa página dupla, lá estavam ela e Martha, em imagens da prova dos figurinos da folia.

A baiana também prestigiou o primeiro desfile da alagoana em São Paulo, realizado na Casacor, em 2010.

– Martha é uma pessoa extraordinária, uma profissional talentosa. Sou nordestina, apaixonada por renda, e fico orgulhosa do seu sucesso – vibrou Daniela Mercury.

Outro evento anunciado com pompa nas colunas sociais dos principais jornais do país foi o maior desfile da marca no Brasil: "Martha Medeiros e Bia Doria convidam para o desfile de lançamento da Coleção Sertões no Palácio Tangará", era a nota na coluna de Sonia Racy, no jornal *O Estado de S. Paulo*. A passarela montada nos salões aristocráticos do recém-inaugurado "primeiro hotel 6 estrelas" da capital paulista reuniu quatrocentos convidados, numa primeira fila recheada de estrelas.

Em 22 de agosto de 2017, todos os detalhes glamorosos e a lista de famosos estavam nos sites dos principais jornais e revistas do país. Foi destaque na *Caras*: *A apresentadora Xuxa Meneghel foi uma das convidadas para o desfile beneficente da estilista Martha Medeiros, que reuniu celebridades e amigos no evento que aconteceu no Hotel Palácio Tangará, em São Paulo, nesta terça-feira, 22. Martha lançou a Coleção Sertões e arrecadou fundos para o Instituto Olhar do Sertão. Entre as convidadas estavam Luiza Brunet, Claudia Raia, Elba Ramalho, Paloma Bernardi.*

– Foi o desfile mais glamoroso nos oito anos em que estive na marca Martha Medeiros – diz Camilla Coatti, a então diretora de marketing. – Tive o voto de confiança da Martha para organizar tudo. Foi o único evento a que a estilista conseguiu assistir na sala de desfile.

O caminho da renda desde o sertão até Hollywood foi pavimentado com uma boa assessoria de marketing e vendas, mas sobretudo pela tenacidade de uma nordestina disposta a conquistar a meca do cinema. Era preciso transformar uma moda ao mesmo tempo artesanal e contemporânea, apostando no resgate de uma matéria-prima tradicional como a renda, em objeto de desejo. Só assim, mais estrelas e endinheiradas do mundo inteiro estariam dispostas a pagar cifras que podem chegar aos cinco dígitos em dólar por um legítimo alta-costura assinado pela brasileira. Trata-se de um nicho de mercado em que reinam nomes como Valentino e Elie Saab, ícones da moda feita sob medida. Um nicho. Um luxo para poucos.

Entre 2015 e 2018, Martha Medeiros contou com o olhar estratégico do inglês Robert Forrest, um dos maiores consultores de moda do mundo, para uma inserção internacional mais estratégica. Com a consultoria do especialista, a marca brasileira conquistou espaço no guarda-roupa de celebridades de primeira grandeza do showbiz americano. No Instagram, a brasileira repostava as aparições de estrelas como Jessica Alba e Elizabeth Hurley no tapete vermelho com suas peças inconfundíveis de renda. No rol das novas fãs do "artesanal made in Brazil", figuravam da apresentadora Oprah Winfrey à vencedora do Oscar Patricia Arquette, e de Paris Jackson a Queen Latifah.

Hurley usou um vestido assinado pela brasileira na série de TV *The Royals*, em que apareceu deslumbrante em um modelo branco decotadíssimo. "Vestindo a rainha!!!! Elizabeth Hurley @elizabethhurley1 gravou hoje o episódio final do 'The Royals' onde ela é coroada rainha de @marthamedeiroslabel!!!!", comemorou a estilista brasileira em um *post* para seus mais de 650 mil seguidores no Instagram.

Na vida real, Jessica Alba compareceu a um concorrido casamento em Aspen com um Martha Medeiros: optou por um vestido preto de renda renascença coberto com mais de 6 mil cristais Swarovski. Escolheu a peça na loja de Los Angeles. Martha Medeiros chegou a contar com vinte pontos de venda no exterior, incluindo lojas de departamentos sofisticadas, como Harrods, em Londres, e Bergdorf Goodman, em Nova York.

– *I want the windows!* – repetia Martha Medeiros, enfatizando querer expor na vitrine, em reunião com Diane Bekhor, a compradora de alta-costura da loja em Manhattan.

Com seu inglês peculiar, a brasileira se fez entender: só lhe interessava o acordo se ela pudesse expor suas criações no espaço nobre da Bergdorf

Goodman. Saiu do encontro mais do que satisfeita, com uma encomenda de quarenta vestidos exclusivos, um desfile agendado para fevereiro de 2012, com direito a coquetel no quarto andar, dedicado aos grandes criadores mundiais de alta-costura, e boas chances de expor na vitrine mais cobiçada, voltada para a Quinta Avenida.

Ter uma loja própria fora do Brasil parecia um projeto caro e audacioso demais a ser alcançado por uma marca tão jovem e pequena. Um sonho que foi sendo acalentado com o incentivo das primeiras clientes internacionais, entre elas a atriz e apresentadora colombiana Sofía Vergara.

– *Martha, tienes que tener una tienda!* – repetia a estrela de *Modern Family*, incentivando a abertura de uma loja em Los Angeles, que só virou uma meta factível quando a economia brasileira viveu o *boom* entre 2012 e 2015.

– O Brasil estava bombando, e nossas vendas também! – recorda-se Martha. – Conseguimos juntar 1 milhão de dólares para investir numa loja própria no exterior, e a escolha foi Los Angeles, onde já tínhamos uma boa clientela estabelecida.

Em 14 de novembro de 2014, a brasileira inaugurava uma loja de 120 metros quadrados em Melrose Place, com entrada privativa, no pedaço mais caro e exclusivo de Los Angeles, onde se concentram famosas grifes internacionais, uma ao lado da outra. E, lá no meio, a marca brasileira que criava em torno de si aura de objeto de desejo entre estrelas de Hollywood.

– Conseguimos inaugurar a loja de Los Angeles por termos conquistado um mercado lá fora. Estava saindo muito na mídia – explica a estilista. – O ponto era excelente, com uma entrada pela Melrose e outra por trás, para os artistas, com estacionamento privativo. E isso facilitava muito, porque a área era lotada de *paparazzi*. Julia Roberts e todas as Kardashian viviam no salão ao lado da nossa loja. Éramos vizinhos de Balmain, Alexander McQueen e Carolina Herrera.

A festa de inauguração contou com uma verdadeira constelação de grandes nomes da TV brasileira, como Xuxa, Luciana Gimenez, Tatá Werneck, além de nomes ligados ao Brasil em Hollywood, como Camilla Belle, atriz, filha de um empresário americano com uma estilista brasileira.

– Sou louca pelo Brasil, por isso vim para a sua inauguração – disse Camilla ao cumprimentar Martha, que também era fã da bela, que é rosto de marcas famosas de beleza. Ela mora em Los Angeles e interpretou diversos papéis, em filmes como *O mundo perdido: Jurassic Park* e *À deriva*.

– Eu me cutucava e não acreditava que aquela mulher linda estava ali na inauguração – relata a dona da loja.

Ela ainda teria outra surpresa, com a chegada de Jordana Brewster, atriz e modelo nascida no Panamá, de mãe brasileira, conhecida por fazer parte do elenco da série de filmes *Velozes e Furiosos* e por pertencer ao elenco principal da continuação da série *Dallas*, entre 2012 e 2014.

– Ao rever as fotos da inauguração da loja, me sinto absolutamente privilegiada – pontua Martha, com a emoção de quem reuniu mais do que clientes famosas, a maioria com uma ligação especial com a marca e sua fundadora. – Uma das grandes emoções foi ver a quantidade de gente que aceitou o convite e pagou a viagem do próprio bolso para nos prestigiar.

Foi bem engraçada a conversa de Martha com Tatá Werneck, após o convite para a inauguração em Los Angeles.

– Ah, eu quero ir. Vai ter cabeleireiro lá? – perguntou a atriz, comediante e apresentadora.

– Sim, claro. Tem no seu hotel. Você pode marcar e paga seu cabeleireiro – respondeu a estilista para Tatá e também para todas as outras convidadas VIP acostumadas a ter todos esses mimos oferecidos para dar pinta em eventos. Sem falar nos cachês pela presença, fora do orçamento e de cogitação no caso da inauguração da loja da brasileira em Hollywood.

– Liguei para Xuxa convidando-a para ir a Los Angeles, mas disse que não tinha nada para oferecer, nem passagem em classe econômica. Ela foi por conta própria, com a filha Sasha e o namorado, Juno, assim como as demais convidadas famosas.

A inauguração virou uma festa bem brasileira, com Xuxa dançando com o namorado, ao som de Tatá ao piano, embalada pela voz de Claudia Leitte. A atriz Jordana Brewster assumiu a tietagem diante de Xuxa, ao postar uma foto em seu Instagram do encontro com aquela mulher que era seu "ídolo de infância", na concorridíssima inauguração na Melrose Place.

– Martha me ligou e disse: "Preciso de você lá!". Eu dei um jeito de ir, porque todas as vezes que eu precisei, ela estava à minha disposição e da Sasha. Tenho muito carinho por ela e sei que Martha sente o mesmo por mim – afirma Xuxa.

A apresentadora se recorda de quando encomendou o vestido de 15 anos da filha:

– Martha parou o ateliê e queria saber do que Sasha gostava, como ela queria se sentir, qual era a vontade dela. Isso é fundamental em qualquer coisa que se faça para o público. Saber ouvir. Obviamente, ela tem a assinatura, o DNA dela. Mas a marca maior dela, e as pessoas veem isso, é se preocupar com o que a cliente quer e tentar realizar isso, como se fosse um sonho.

Xuxa também destaca a trajetória de uma mulher nordestina que engrandece a moda brasileira:

– Martha tem um diferencial, e não só no trabalho que faz com as rendeiras e que enaltece o Brasil – define a apresentadora. – É uma pessoa única. Não trata você como cliente, mas como amiga. Não importa se tem nome conhecido ou não. Ela quer que a pessoa saia satisfeita. Se ao final a cliente disser que está se sentindo linda, esse é o maior pagamento. É diferente de estilistas que fazem roupas e cobram por isso, mas não têm essa vontade de ver a felicidade da pessoa.

Com o sucesso nacional e o respaldo de uma clientela fiel, desde 2013, crescia em Martha a certeza de que era chegado o momento de planejar um movimento forte para além das fronteiras do Brasil. Era uma fase de grande crescimento econômico do país, embalada pela euforia e por bons resultados do primeiro governo Lula e pelo *boom* das *commodities*. Com a explosão de vendas no mercado de luxo e a empresa capitalizada, a própria estilista teve o ok do CEO, o filho Gélio Costa Medeiros, para começar o trabalho de prospecção a fim de encontrar o melhor lugar para fincar raízes no exterior.

– Onde abrir a primeira loja lá fora? – indagava-se a estilista. – A primeira opção era Miami, pois todos os amigos estavam indo para a Flórida. Alugamos uma casa e passamos três meses andando em shopping, percorrendo as ruas de comércio. No final, descobrimos que não era Miami, que tem cara de *outlet*. É muito dublê de rico. Gente que aluga Rolex e bolsa ia querer alugar os nossos vestidos, e não comprar.

Miami foi descartada em definitivo. Até que o acaso acenou que o destino da marca poderia ser Hollywood, desde que Sofía Vergara se tornara cliente da grife brasileira. Revelou-se para Martha o potencial da Costa Oeste dos Estados Unidos, mais precisamente a terra das estrelas de cinema.

Após vestir a estrela de *Modern Family*, a brasileira ganhou projeção internacional. As fotos da beldade de Hollywood com vestidos feitos à mão pela alagoana que resgatara o trabalho de rendeiras proporcionaram à estilista um visto especial de trabalho nos Estados Unidos, dedicado a detentores de habilidades especiais. A postagem de Sofía com um modelito by Martha Medeiros no tapete vermelho rendeu 30 mil novos seguidores no Instagram em um dia. Era a entrada com o pé direito no mercado americano de luxo.

– Após o episódio com a Sofía Vergara, meu filho entrou na jogada e sugeriu que era hora de abrir a loja em Los Angeles – relata Martha. – Mandamos uma funcionária para lá um ano antes para fazer o mesmo trabalho que eu fiz em Miami.

A pesquisa *in loco* serviu para descartar a opção mais óbvia, de abrir a loja na famosa Rodeo Drive, quarteirão de Beverly Hills onde se concentram negócios de alto luxo.

– Nossa funcionária descobriu que ali só tinha coreano e japonês comprando bolsas e acessórios – foi a conclusão de Martha. – Onde o povo da Costa Oeste compra de verdade?

A resposta foi um achado: uma ruazinha, de apenas dois quarteirões, onde havia a única loja de Marc Jacobs e de Carolina Herrera na região. Isabel Marant também funcionava ali. Assim, ficou definido que Melrose Place seria o melhor lugar para instalar a futura loja da brasileira. A rua deu nome a uma série de TV que no Brasil ganhou o nome de *Barrados no baile*, grande sucesso na década de 1990.

Só que Melrose Place se resume a dois quarteirões, com 26 casas de um lado e 30 do outro. A maioria pertencente a uma única dona, uma bilionária que precisaria ser convencida a alugar um dos pontos exclusivíssimos e caros para uma brasileira desconhecida. Uma estilista novata, que chegava com a ousadia de entrar no mercado de igual para igual com nomes já consolidados na moda internacional.

Quando Melrose Place foi eleito o ponto ideal pelo time da marca brasileira, não havia nenhuma loja disponível para vender ou alugar naquele disputadíssimo pedaço da divisa de Beverly Hills com Hollywood. Meses depois, a estrela de Martha Medeiros brilharia de novo. Apareceu uma oportunidade de locação, quando um locatário da rua badalada decidiu se mudar para um ponto maior. Era uma loja pequena para o padrão de lá, de 180 metros, perfeita para os planos de expansão da alagoana arretada, cujo estilo inconfundível e persistência incomum logo se fariam notar.

Ao procurar o todo-poderoso senhorio da área, Martha levou um primeiro não de cara:

– A senhora não tem o perfil que a gente quer para essa loja. Só alugamos, pode ver pela vizinhança, para grandes grupos internacionais.

– O senhor está falando com um deles. Vai perder a oportunidade de fazer parte dessa história? – revidou Martha.

Martha fincou pé, até conseguir marcar um café com a proprietária:

– Eu consegui quinze minutos em pé, em um Starbucks. Fomos eu, o corretor, meu filho e minha gerente.

Apesar de o filho e a funcionária falarem inglês fluentemente, Martha chamou para si o desafio de convencer a proprietária, mesmo com um domínio capenga do idioma.

– Disse pra eles: "Só eu falo". E olha que Gelinho brinca que aprendi inglês na mesma escola onde Seu Creysson aprendeu português – diz a estilista, traduzindo a piada do filho ao compará-la com o personagem do humorístico *Casseta & Planeta*, interpretado pelo comediante Cláudio Manoel, cujo bordão era "eu agarantiu", em um modo bem peculiar e longe da norma culta da língua portuguesa.

E Martha "se agarantiu" em inglês, com lábia e carisma infalíveis, que compensavam a fala não tão perfeita no idioma de Shakespeare. Fez a apresentação da marca em uma hora. No final do encontro, Martha ouviu o que queria.

– *The store is yours* – disse a americana, ao dar o ok de que a loja seria alugada para os brasileiros.

Ao receber o sim, a estilista logo abriu o jogo com os gringos e passou para o segundo item da pauta. Em inglês bem claro, declarou:

– *I don't have money.*

Martha sorri ao lembrar-se da cara dos gringos diante de sua sinceridade ao admitir, na negociação inicial, que não tinha dinheiro para pagar o valor salgadíssimo do aluguel em área tão cobiçada. Revelou que não conseguiria bancar os 28 mil dólares mensais de aluguel do ponto, mas àquela altura já tinha ganhado os americanos no papo firme e com brilho nos olhos. Os brasileiros saíram do café com um acordo de pagar 17 mil dólares de aluguel nos primeiros doze meses, e depois ir subindo até chegar ao preço cheio. Gastos que tinham de caber no planejamento de investir 1 milhão de dólares no projeto Los Angeles, incluindo todo o processo burocrático, contratações, estoque inicial, garantia do ponto, hospedagem, comida, funcionários.

– O acordo com meu filho foi de investir esse montante e fazer a loja andar. Era o capital que tínhamos – revela Martha.

Não havia muito dinheiro para marketing e divulgação. Contrataram uma assessoria de relações públicas nos Estados Unidos, apenas no primeiro mês. Martha se orgulha de não ter pagado para nenhuma celebridade ir à inauguração da loja. A moeda era seu prestígio e uma relação próxima com várias celebridades brasileiras, fãs da marca e amigas.

– Os artistas brasileiros e as atrizes de Hollywood deram um retorno grande de mídia – explica Martha. – Eu me sinto uma pessoa extremamente rica. O que é que o prestígio faz? Tenho o que o dinheiro não compra. Estou cansada de ver marcas com muita grana fazer festa em que as famosas ficam olhando para o relógio, contando o tempo para ir embora. No nosso caso, elas queriam estar lá, celebrando com a gente. Tivemos esse reconhecimento, o que foi muito bom.

Martha se orgulha de ter feito uma festa bem brasileira, para deixar americano de olhos arregalados. Fechou o quarteirão, com a ideia de colocar um minibloco de Carnaval na rua, puxado por Claudia Leitte. Fez a galera de Melrose Place pular feito pipoca na apresentação da cantora baiana dentro da loja, para conter o choque da associação de lojistas.

– Todo mundo na rua é muito chique. Os coquetéis têm de ser do nível deles – relata a brasileira –, mas eu argumentava com o pessoal da associação que não estava vindo para os Estados Unidos para ser americana.

E assim levou adiante a ideia de fechar os dois quarteirões para fazer a festa de inauguração.

– Isso não é chique – decretavam os mais esnobes.

Martha fazia ouvidos de mercador. A estilista nem ligou para o que os gringos pensavam, habituados ao estilo "cocktail party", discreto e sem graça. Em vez de servir champanhe e rabanete, o chique por lá, Martha fez embarcar do Brasil a *chef* Ana Luiza Trajano, do Brasil a Gosto, com dois assistentes e trezentos quilos de ingredientes para fazer um banquete brasileiro.

– Sofía Vergara saiu da inauguração com uma marmitinha, levando uma vasilha de plástico rendada recheada de delícias, como dadinho de tapioca com carne de sol – recorda-se Martha, que fez a festa que queria em Los Angeles.

– Paramos Hollywood, literalmente. Fomos notícia não só no Brasil, mas no mundo todo – orgulha-se a dona da festa.

A brasilidade estava na roupa e também nos mimos, como servir brigadeiro e bolo de rolo para os convidados.

Martha, que havia se mudado para a Califórnia para viver a onda de surfar no mercado norte-americano, subverteu a noção do que era chique e de como se promove marca de luxo. Passada a euforia da inauguração, a brasileira viveria o choque de realidade de fazer o negócio ser lucrativo e sustentável.

– Logo descobri que ninguém ali ia comprar nada na nossa loja, porque é um produto genuinamente brasileiro – afirma Martha. – O americano só vai comprar se ele amar o seu produto e se o dinheiro dele for valorizado. Tem que estar dentro do *budget*, tem que ter a ver com o *lifestyle* dele.

No primeiro mês de funcionamento, a loja Martha Medeiros em Melrose Place teve *boom* de vendas, embalado pelo marketing gratuito das estrelas de Hollywood que vestiam a marca brasileira que acabara de desembarcar em Los Angeles.

– Como vendemos superbem no mês de inauguração, na minha cabeça, ia vender o tempo inteiro – intuiu erroneamente a brasileira.

Ledo engano em se tratando de peças de luxo, competindo com ícones da moda. Não havia nenhuma peça na loja por menos de 5,9 mil dólares, enquanto a mais barata na Chanel, ali na vizinhança, custava 2,9 mil.

– Na nossa rua, éramos uma das marcas mais caras – admite a estilista. – A gente vendia um vestido e passava dez dias sem vender nada. As melhores clientes vinham do Beverly Wilshire, o hotel mais chique da região. Era mulher de *sheik*, que comprava dez peças de uma vez. Vendíamos 25 mil dólares para uma cliente e passávamos dez dias sem nenhuma venda.

Era angustiante o contar dos dias sem vendas rotineiras. A gerente, uma americana chamada Haleh, desesperava-se com o excesso de brasilidade e a falta de produtos acessíveis para atrair o comprador médio norte-americano, para além das estrelas que esporadicamente compravam na loja.

– Devo muito à Haleh – reconhece a alagoana, que sempre se orgulhou de um estilo próprio de agradar à clientela no Brasil. – Ela era bem americana e tinha horror de eu conversar demais com a clientela.

Martha puxava papo com uma cliente e Haleh dava um jeito de afastá-la:

– Ela não está adotando uma criança, está comprando um vestido. Saia daqui!

A dona da Martha's Boutique entendeu que o manual de atendimento seguido em Alagoas não ia funcionar na Califórnia.

– Eu comecei a ouvir a Haleh. Ela ficou cinco anos com a gente e foi um aprendizado. Melhor do que qualquer MBA em mercado americano – compara a brasileira.

Passados alguns meses, a gerente norte-americana fez uma provocação que marcaria uma mudança de rota na internacionalização da marca Martha Medeiros.

– Eu preciso de pão com manteiga para vender na loja – pediu Haleh à estilista, que tinha como carro-chefe da loja a linha sob medida.

Martha procurou entender na prática o que a americana pedia. Colocou na mão da gerente um cartão de crédito e a liberou para trazer o tal do "pão com manteiga" que seria vendável. Haleh visitou várias lojas das redondezas e garimpou peças básicas, que custavam entre 90 e 600 dólares.

– E passamos a fazer peças com detalhes e pedacinhos de renda que coubessem no bolso do consumidor local. E que vendessem todos os dias – explica a estilista. – Isso depois de um ano lá. Quando chegaram os primeiros vestidos, que custavam 500 dólares, era colocar na vitrine e vender. Até então, a loja não dava prejuízo, mas também não dava lucro.

Ninguém iria entrar pela primeira vez na loja, com raríssimas exceções, porque as roupas da vitrine eram feitas por rendeiras do sertão nordestino.

– Quem percebia esse diferencial? Diferença que não é notada não precisa existir – declara Martha. É o que diz o letreiro bem grande na fábrica da marca em São Paulo: "Criatividade que não dá lucro não precisa existir".

– Não adianta dizer: "Olha que lindo que eu criei". A questão é: Vai vender? – rendeu-se a estilista, diante das pressões do dia a dia no competitivo mercado norte-americano.

Essa busca pela sustentabilidade do negócio passou a marcar a experiência nos Estados Unidos. Martha conta nos dedos as clientes que chegaram à loja de Los Angeles à procura de um produto artesanal e sustentável, dispostas a pagar por tais diferenciais. Uma delas foi Jessica Alba.

– Chegamos aos Estados Unidos só com peças de renda feita à mão, com 100% algodão, 100% seda. E uma das poucas pessoas que perguntaram se na loja havia roupas que não tivessem tecido sintético foi uma assistente da Jessica Alba – conta Martha. A atriz só usa roupa com tecido natural. – Porque ela é *zen*, como toda rica. Como nada do que vendíamos era sintético, ela se tornou uma grande cliente, justamente por ter essa bandeira sustentável, de produtos naturais.

No aniversário de dez anos de casada, Jessica Alba usou no Havaí um Martha Medeiros. Uma peça especial da Coleção Explosão de Amor, todo de corações rendados, clássico da marca. Foi a várias *premières* a bordo de criações da brasileira.

Convencida de que era preciso mudar o perfil da loja para fazer mais dinheiro na operação americana, Martha começou a criar e produzir em escala a tal coleção "pão com manteiga". Ela passava três meses por ano em Los Angeles, de janeiro a março, para aproveitar a temporada do Oscar e dos "red carpets" da meca do cinema mundial.

Fez no Brasil as primeiras peças de prêt-à-porter, uma linha mais comercial e para todos os bolsos, para serem exportadas para os Estados Unidos. Retornou para Los Angeles com quinze vestidos de mostruário e três peças de cada modelo desenvolvido no Brasil para uma segunda linha mais casual. Ao chegar à loja, a estilista foi logo trocar a vitrine por peças mais soltas, básicas, com cara da mulher casual americana.

– E começamos a vender as peças do mostruário – recorda-se Martha. – Vendemos 60% em dois dias.

Tudo em nome do sonho americano da nordestina que não aceita não como resposta e levou na bagagem suas idiossincrasias como empresária de moda que odeia liquidar estoque para troca de coleções, como é de praxe.

– Para não liquidar, em um lugar em que todo mundo faz liquidação, eu reformava as roupas da coleção ao final de cada estação. Era um trabalho insano – explica a estilista, que não ouvia as advertências do filho e CEO, diante dos malabarismos para fazer o negócio dos seus sonhos vingar.

– Não adianta, você vai morrer para fazer essa loja dar lucro – dizia Gelinho, fazendo as contas de toda a logística e empenho na operação internacional.

Nos bastidores, uma equipe de costureiras também fazia o diferencial da grife em Los Angeles. Quatro máquinas de costura e profissionais habilidosas estavam ali prontas para ajustar ou mesmo produzir uma roupa ao gosto do cliente, como só acontece em um ateliê de alta-costura. Martha se recorda de um episódio com Jessica Chastain, estrela de *A árvore da vida*, que queria uma roupa branca para o Festival de Cannes. Já tinha ido à loja da grife Valentino, mas a de que gostou levaria três dias para ser ajustada, e ela viajaria naquela noite.

– Treinei minhas funcionárias para resolver esse tipo de problema – diz a brasileira. – Temos essa rapidez, na lógica de que sempre falo: "Deu no bolso da cliente, deu no corpo". E assim foi feito. A atriz viajou com um Martha Medeiros lindo e perfeito no corpo dela para desfilar em Cannes.

Enquanto a estilista contava o ganho reputacional de vestir estrelas de primeira grandeza, o filho olhava para o *business* e estabelecia metas.

– Enquanto eu vibrava com o fato de atender a Beyoncé no nosso ateliê, para ele era emoção zero. A pergunta era sempre a mesma: "Ela vai pagar?" E ela sempre pagou. Eu amava ver os astros entrando na loja e passando o cartão. O autógrafo de que eu gostava era a assinatura no boleto do cartão.

Um assistente de Oprah Winfrey foi várias vezes à loja da Melrose Place. A apresentadora usou modelos Martha Medeiros em eventos, todos comprados. Nada de permuta.

– Eu me orgulho disso. Todos compravam e passavam cartão de crédito. Sofía Vergara fazia questão de pagar por tudo que usava. Assim como Xuxa, no Brasil – diz a alagoana.

Quando Martha insistia e dizia que queria presenteá-la, Vergara respondia:

– Queres me dar, mas antes me explica: como é que vai pagar tudo isso? Aluguel, funcionárias.

Acabava a conversa e a atriz sacava o cartão de crédito.

– Sofía foi uma luz na minha vida – reconhece Martha, que recebeu uma proposta da atriz de desenvolverem juntas uma linha popular de *lingerie* para vender em escala. A ideia não avançou, mas surgiram outras oportunidades, como ter uma vitrine Martha Medeiros exclusiva no Beverly Wilshire, onde se hospedavam muitas clientes milionárias da grife.

– Eu fiz amizade com as pessoas do hotel, onde uma vitrine custa uma fortuna – conta Martha, que namorava havia anos a principal, bem na entrada do hotel. Até que um dia recebeu a ligação de uma gerente informando que a vitrine ia vagar. – Consegui alugar por um valor simbólico de 2 mil dólares por mês, por um ano, quando o valor normal era de 10 mil.

Como é do seu estilo, Martha foi à luta para montar a vitrine dos seus sonhos no hotel naquele mesmo dia. Virou a noite com a bordadeira Kaline Vieira, fazendo flores de renda para espalhar pela vitrine, onde seria exposto o vestido mais bonito da coleção, com a renda Explosão de Amor, carro-chefe da grife. Às 7h30 da manhã, a vitrine estava pronta para ser admirada pelos hóspedes do Beverly Wilshire.

– Era um sábado, estávamos eu, Gélio e Kaline com a moça do hotel, que pediu para aguardarmos, pois o contrato ainda precisava ser assinado pelo meu filho – afirma Martha.

Foi quando foi informada de que o CEO da empresa não iria assinar o contrato. Gelinho confirmou, por telefone, a decisão à mãe. Martha relata a frustração de ter sido desautorizada pelo administrador dos negócios. Tinha certeza de que seria uma jogada lucrativa, uma vez que as clientes árabes do hotel faziam a festa na loja e a vitrine seria mais um apelo forte.

– Aquele foi um dos momentos mais decisivos da minha vida com relação aos negócios – diz a estilista. – Eu tinha duas opções. Uma era fazer o que sempre fiz: bater o pé e seguir com a vitrine. "Eu quero, eu pago." E havia uma segunda opção. Eu me perguntei: *Será que esse não é um sinal de que chegou o momento de promover mudanças?* Foi um episódio marcante. Chorávamos eu, a funcionária do hotel, a Kaline. Todos sabiam da minha vontade de ter aquela vitrine. Foi a gota d'água. Percebi que não era mais a dedicação total àquela loja de Los Angeles que iria me fazer feliz. O preço seria muito alto.

O episódio da vitrine fez Martha se lembrar do que levou Yves Saint Laurent a se aposentar, quando o francês relatou ter se dado conta de que não havia mais espaço na atualidade para estilistas forjados na velha escola de criadores.

– Hoje em dia, a moda é outra coisa. Me olham como perda de tempo. Aquela coisa de passar oito, dez meses, um ano trabalhando em um vestido. Minha paixão não é fazer um monte e vender, vender – conclui.

Ao deixar o hotel naquela manhã de sábado, Martha tomou a decisão que, embora dolorosa, parecia a melhor, para não se machucar ainda mais nem bater de frente com o filho, o executivo do negócio. Um lance com desdobramentos futuros na empresa familiar, com todas as vantagens e desvantagens que os laços de sangue representam.

– Naquele momento no hotel, eu percebi que não precisava provar mais nada. Que o meu trabalho e a minha capacidade como criadora de moda estavam consolidados – concluiu Martha.

Em janeiro de 2017, a estilista havia desembarcado nos Estados Unidos para mais uma temporada de trabalho, disposta a fazer a loja de Los Angeles decolar. A loja não chegou a dar os resultados esperados, mas também não dava prejuízo. Vendas e gastos empatavam e os donos já não precisavam mais injetar dinheiro na operação. No entanto, havia todo o investimento de tempo e energia, além da manutenção de uma estrutura grande e cara em dólar. A grife mantinha na cidade um apartamento para os funcionários brasileiros e outro para Martha e o marido, que passavam temporadas por lá na fase de consolidação no mercado norte-americano.

– A verdade é que a loja só dava lucro nos meses em que a Martha estava lá – diz Gélio Medeiros, que acompanhou a mulher em todas as etapas da aventura.

O casal, ao longo de cinco anos, embarcava para Los Angeles pouco antes do Réveillon e só voltava para o Brasil depois do Carnaval.

– Quando estava lá, eu vendia 100 mil dólares, assim, em um estalar de dedos. E quando eu não estava, não dava tanto lucro – reconhece Martha.

Por um tempo, a presença compensava a ausência, até que as contas deixaram de fazer sentido.

– Na cabeça do meu filho, tínhamos que ganhar dinheiro em Los Angeles, como toda empresa e todo empresário quer. Só que, para mim, nem tudo eram vendas. Aquela loja significava muito. Mas vaidade não paga nossas contas – admite Martha. – Queremos ser uma empresa sólida e profissionalizada, que dá dinheiro. E assim terminou a nossa experiência internacional com loja própria. O que eu tinha de construir lá fora já foi construído. E vai existir sempre. É a história de uma marca brasileira que chegou ao *red carpet* sem pagar a ninguém para usar suas roupas. De uma loja na qual a Beyoncé passava o cartão. De uma moda sobre a qual Sofía Vergara disse que é arte. Isso é o mais gratificante.

Prevaleceu a posição de Gélio, o filho e CEO da Martha Medeiros, que tomou a decisão de vender o ponto da Melrose Place no final de 2017 e manter a operação em Los Angeles com um ateliê de alta-costura com duas funcionárias.

– Um custo bem menor. Não dá mais para ver o Gerard Butler entrando na loja, mas recebemos encomendas para vestidos de festa. No primeiro mês, entregamos dois vestidos, um de 25 mil dólares e outro de 17 mil – contabiliza Martha, sobre o novo modelo de operação. – Continuamos vendendo com a Moda Operandi [varejista on-line de moda de luxo que permite que os clientes encomendem diretamente dos estilistas]. Recebemos encomendas de quatro vestidos de noiva por mês para o exterior. A opção é fazer o que dá lucro.

E o maior lucro da experiência de uma loja na Melrose Place foi fazer a renda chegar ao *closet* de atrizes como Patricia Arquette, ganhadora do Oscar de melhor atriz coadjuvante por *Boyhood: da infância à juventude*, que se encantou e levou para casa quatro modelitos assinados por Martha Medeiros. Passaporte para o tapete vermelho e também para que a marca se tornasse objeto de desejo para além das fronteiras brasileiras.

– Martha, eu nunca vou a lojas de roupas, mas ouvi falar do seu trabalho social com as rendeiras e vim escolher os meus vestidos – declarou a atriz, uma das recordações que fazem Martha concluir que o sonho americano valeu a pena.

Capítulo 9

DEUS É SÓCIO, E O PAPA, GAROTO-PROPAGANDA

– Eu precisava de um garoto-propaganda custo zero para minha linha Martha Medeiros Casa. E encontrei o melhor: o papa Francisco. São coisas que só acontecem comigo! – relata Martha Medeiros, sobre um dos episódios mais empolgantes de sua trajetória pessoal e profissional.

Quem mais iria ter o papa Francisco posando para fotos ao lado de uma estilista que assinou o enxoval usado pelo sumo pontífice em sua primeira visita ao Brasil? A alagoana fez isso e muito mais, em uma sucessão de lances ousados que a levaram a ser parte do momento histórico.

Tudo começou com o fato de dom Roque, chefe do cerimonial do Vaticano, ter sido apresentado a Martha por uma cliente de alta-costura. O bispo era a pessoa responsável por organizar todos os detalhes prévios da viagem do papa, que veio ao Brasil em 2013 para uma visita de cinco dias.

– Eu procurei dom Roque e ofereci os produtos de cama e mesa da nova linha Martha Medeiros Home para serem usados no Palácio São Joaquim e no Palácio do Sumaré, onde o papa seria recebido durante a viagem – conta a estilista.

Dom Roque apresentou a proposta ao Vaticano:

– Se Deus quiser, vou conseguir aprovar.

– Quando for falar com Deus, diga que é meu amigo, dom Roque. Ele sempre ajeita as coisas para quem é meu amigo – devolveu Martha, que não se cansa de repetir que o Todo-Poderoso é seu sócio desde sempre.

O bispo se despediu aos risos e fez o prometido. Uma história com final feliz que havia começado um ano antes, quando a estilista recebeu uma sondagem inesperada que abriria um novo nicho em seu negócio, justamente o de produtos e objetos para casa.

— Martha, olha o e-mail que recebi da Bordallo Pinheiro convidando você para ir a Portugal passar dez dias, com tudo pago — anunciou Letícia, eufórica.

Ela era funcionária do marketing e havia morado em Portugal, portanto conhecia a reputação da Fábrica de Faianças das Caldas da Rainha, fundada em 1884, famosa pela produção de cerâmica inspirada na fauna e na flora.

— Eles querem fazer uma peça Martha Medeiros. Você vai ter um percentual das vendas e receber os *royalties* pela criação — prosseguiu a funcionária.

— Ah, Letícia, minha cabeça está em outro canto — respondeu Martha, com zero entusiasmo em meio ao luto pela morte recente da avó Zezé Martins.

A funcionária insistiu, apelando para a tradição da Bordallo Pinheiro, com seus produtos de qualidade artística reconhecida. Papo que fez Martha mergulhar em memórias da infância. Letícia mostrou fotos enviadas pela famosa fábrica de cerâmica, entre elas uma revoada de andorinhas desse material.

A peça icônica transportaria a estilista para a casa da avó materna, referência de requinte. Filha de portugueses, Zezé Martins tinha em suas paredes uma revoada de andorinhas como aquela. Relíquia assinada por Raphael Bordallo Pinheiro, figura relevante do cenário artístico de Portugal no século XIX.

— Finalmente, eu me conectei no papo e na oportunidade que era receber aquele convite inesperado. Minha avó adorava aquela peça Bordallo Pinheiro, que ela achava a coisa mais linda do mundo. Um luxo bem típico português — recordou-se a neta, saudosa.

As duas continuaram a pesquisa sobre a história de Raphael Bordallo Pinheiro, um bilionário e *bon vivant* que marcou época com uma produção artística notável, como caricaturista e ceramista, cuja genialidade é reconhecida por artistas contemporâneos, como os irmãos Campana.

— Se for tudo na faixa e eu puder levar uma amiga, eu vou — concordou Martha, ao dar o sinal verde para os arranjos práticos da viagem, como passagens e hospedagem.

Isso foi em 2012, um ano antes da vinda do papa Francisco ao Brasil, que iria se conectar com essa temporada de Martha em terras portuguesas.

A estilista convidou a arquiteta Humberta Farias para acompanhá-la no périplo por Portugal.

– E foi uma boa experiência! – entusiasma-se Martha, ao falar sobre aquele mundo novo que se abriu para ela e para a marca Martha Medeiros.

A estilista passou uma semana na fábrica da Bordallo Pinheiro, em Caldas da Rainha. E foi para Aveiros visitar a Vista Alegre e conhecer os cristais da Atlantis, também dos anfitriões. Um roteiro por algumas das icônicas empresas do grupo Visabeira, *holding* multinacional com ramificações por setores que vão de telecomunicações e construção a hotéis de luxo.

A brasileira voltou fascinada com a parceria com os portugueses. O filho, que havia assumido como CEO da empresa, advertiu a mãe quanto à empreitada. Pediu cautela na produção de objetos para casa, que não eram o foco da grife. A linha Martha Medeiros Home se resumia a uma prateleira na *flagship* dos Jardins, um teste para ver se a aposta agradaria à clientela. O lançamento foi um sucesso de mídia, com reportagens em revistas de celebridades, como *Caras* e *Contigo*, e de moda, como *Vogue* e *Marie Claire*.

– Saiu em tudo que era revista – orgulha-se a estilista. – Houve outro lançamento badalado naquela semana, e um amigo comentou: "Martha, você é incrível. O outro gasta uma fortuna para trazer pessoas badaladas para o Brasil e sai um quadradinho na revista. Você faz um puxadinho na loja com quatro pratos em cima [risos] e a imprensa toda aplaude".

A alagoana caprichou nos detalhes. Doces e bolos da confeiteira Isabella Suplicy enfeitavam os pratos da coleção Home. Guloseimas oferecidas para um mix infalível de clientes VIP, entre famosas e milionárias que garantiam os holofotes.

– Chamei a turma da Anna Claudia Rocha [joalheira, casada com o empresário Flávio Rocha, da Riachuelo] e da Luciana Gimenez. Convidei a atriz Mariana Rios, que estava na novela das oito. Vieram também Giovanna Antonelli e Fernandinha Souza, que ia se casar com o cantor Thiaguinho. Eu estava fazendo o vestido de noiva dela. Misturei todos os globais com representantes do PIB de São Paulo e minha clientela de fora, do Nordeste, como uma cliente de Nova Marilândia (MT) e outra de Cacoal (RO) – elenca a estilista sobre o mix que reuniu e explica o grande sucesso da marca.

O evento na Rua Melo Alves, nos Jardins, reverberou em ambientes menos mundanos. Pouco tempo depois, Martha receberia uma sondagem de uma cliente que era filantropa e apoiava projetos da igreja católica. Era uma das voluntárias envolvidas na organização da visita do papa ao Brasil para a Jornada Mundial da Juventude, que seria realizada no Rio de Janeiro, de 23 a 28 de julho de 2013. Cláudia Aquino era uma cliente da Martha Medeiros Home, e também ajudava a diocese de Aparecida e do Rio de Janeiro.

– Uma vendedora me disse que ela estava apoiando a organização da recepção ao papa Francisco e que adorava a nossa linha casa e o nosso trabalho em renda – conta a estilista, sobre a informação estratégica que fez o furacão Martha mover todas as suas energias para obter a bênção do Vaticano e ser a fornecedora dos produtos de cama e mesa que o sumo pontífice iria usar em sua passagem pelo Brasil.

Na primeira conversa exploratória, a estilista ouviu de Cláudia qual seria o caminho das pedras nessa via-crúcis.

– Martha, a gente está precisando de muita coisa. A verba só deu para reformar os dois lugares onde o papa vai ficar hospedado no Rio – explicou a voluntária. – Tenho certeza de que isso que você faz, a renda dentro do acrílico, e também as peças feitas à mão por mulheres do sertão vão agradar. Querem algo sofisticado e ao mesmo tempo simples.

Ao ouvir essas palavras, Martha declarou:

– Vamos fazer o enxoval do papa Francisco no Brasil.

O próximo passo foi a ida da dupla ao Rio de Janeiro para uma reunião com dom Roque. Martha lera no jornal *O Globo* que quatro senhoras católicas haviam doado alguns utensílios para recepcionar Sua Santidade.

– Elas apareciam muito chiques numa foto na igreja fazendo a doação – conta a estilista. – Depois, me mostraram o que haviam doado: um espremedor de laranja de inox que não funcionava e uma cafeteira toda enferrujada. Quando vi aquilo, senti que tinha de agir com urgência. Eu queria resolver e me envolvi na empreitada com esse espírito.

E havia muito a ser resolvido. Depois da conversa com o bispo, Cláudia e Martha foram direto para o Palácio São Joaquim, majestoso edifício no número 446 da Rua da Glória, que abriga a Mitra Arquiepiscopal do Rio de Janeiro. O prédio em estilo eclético, construído em 1918 para ser a residência do primeiro cardeal do Rio de Janeiro, dom Joaquim Arcoverde Cavalcanti de Albuquerque, não é aberto à visitação pública. As duas visitantes logo descobriram que seria preciso providenciar tudo para que o sumo pontífice tivesse um mínimo de conforto.

– Todo mundo quer emprestar uma cama para o papa dormir, mas não doar uma cama antiga, que vale milhões e que não vai voltar para o doador – constatou Martha.

Nada de fotos nem divulgação como permuta pelos itens doados, como é praxe em ações que envolvem empresas em doações desse tipo. Do Palácio São Joaquim, onde era previsto um almoço do papa com um grupo de jovens de doze países representando a juventude que dava nome à jornada, Martha e Cláudia seguiram para o Palácio Apostólico do Sumaré, no Parque da Tijuca. Era o local onde Sua Santidade de fato se hospedaria durante o megaevento, que atraiu 2,5 milhões de jovens de todo o mundo ao Rio de Janeiro.

– Só havia o prédio, onde receberiam sessenta pessoas da comitiva do Vaticano. Não tinha cama para o papa. Nem garrafa térmica, nem talheres. Só havia a cozinha já reformada, mas faltava absolutamente tudo – resume Martha.

O espírito de produtora da estilista entrou em ação. Ela ligou para uma amiga que era dona de uma fábrica de móveis em Campinas, Nádia Guimarães, que também conhecia o pessoal da Tramontina, empresa gaúcha referência em utensílios e equipamentos domésticos.

Martha imediatamente telefonou para a amiga e cliente.

– Nádia, a situação para receber o papa é a seguinte: no palácio não tem cama nem sofá. Ganharam travesseiros de quinta categoria. A cozinha está vazia. Só tem quatro utensílios doados – informou a estilista.

A empresária entendeu a urgência do chamado e embarcou para o Rio, juntando-se à dupla para fazer um inventário do que seria necessário a fim de garantir o mínimo de conforto ao visitante ilustre.

– Começamos a relacionar todas as necessidades, junto com duas freiras e dom Roque: não sei quantas camas, não sei quantos sofás, mesas. Itens que a própria Nádia conseguiria doar. Eu me comprometi a comprar parte dos lençóis com meu fornecedor. A prataria, os copos e a louça seriam da linha Martha Medeiros Home – elenca a estilista sobre o inventário prévio e o rateio das doações.

Nessa linha desenvolvida para o papa, Martha mandou imprimir nas peças de prata o símbolo da flor de mandacaru. Sua logomarca enfeitava as toalhas de mesa e os guardanapos. Quando terminaram de relacionar tudo que era preciso para abastecer os dois palácios episcopais, Nádia bateu às portas da Tramontina, que também entrou no mutirão.

– Nós doamos tudo. Saiu um caminhão da minha empresa, um caminhão da Tramontina e uns três caminhões da fábrica de móveis da Nádia – contabiliza Martha.

A cruzada por uma recepção à altura do chefe maior da igreja católica continuou até o dia D. Às vésperas da chegada do papa, lá foram elas também organizar tudo, tão logo as doações foram entregues no destino. Da cozinha completa montada pela Tramontina para atender a comitiva papal aos arranjos de flores e à *bombonière* com biscoitos para adoçar a estada do papa Francisco em paragens cariocas.

Martha levou toda a prataria feita com exclusividade e depois doada ao papa e ao Vaticano ao final da viagem. Delicadezas que deixaram para lá de satisfeitos os religiosos envolvidos na missão de receber o pontífice. Martha foi para o Rio uns três dias antes do desembarque do papa Francisco. Ainda se recuperava de cirurgia bariátrica para redução do estômago. Levou a mãe, dona Marta, como ajudante, na esperança de que ela também pudesse encontrar o papa em algum momento.

A estilista fez questão de conferir cada detalhe.

– Arrumamos o banheiro do papa e a cama dele no Palácio do Sumaré. Forramos a mesa principal no Palácio São Joaquim com toalhas e guardanapos de renda renascença amarela, a cor oficial do Vaticano. Ali, o papa iria se sentar com doze jovens, um de cada país. Fiz uma floreira de prata, com doze orifícios laterais. Colocamos no centro uma rosa amarela, simbolizando o papa, e rosas brancas nos orifícios laterais, uma para cada jovem.

No dia seguinte, a reportagem publicada no site da *Vogue*, em 22 de julho de 2013, resumia cada detalhe dessa jornada pessoal de Martha e parceiros para a chegada do papa. As fotos publicadas mostram desvelo em cada detalhe, como no paninho de renda que cobre o abajur ao lado da cama onde repousaria o papa. Martha e a mãe também deixaram tudo organizado para que as freiras pudessem servir a refeição ao papa e aos convidados. A mãe da estilista chegara de Maceió com a mala recheada de guloseimas para o convidado de honra: doce de leite e biscoitos caseiros das irmãs Rochas – quituteiras famosas de Alagoas –, os quais foram parar em bombonières de prata com vidro rendado by Martha Medeiros.

Dona Marta chegara com a meta de levar para casa uma relíquia: o guardanapo usado por Sua Santidade.

– Foi uma missão – diz a filha e cúmplice. – Depois que o papa limpou a boca e deixou o guardanapo na mesa, minha mãe deu um jeito de pegar no final do almoço. Ela mandou enquadrar e colocou na parede de casa.

A filha de dona Marta faria muito mais peripécias ao longo da visita papal. A começar por ter sido incluída na lista de 25 pessoas convidadas para a missa em que o papa recebeu empresários no Palácio São Joaquim.

– A missa foi numa pequena capela e só tinha eu de mulher – relata a alagoana, que não sabia quem era quem ao seu lado no momento solene e íntimo com o papa Francisco. – Só reconheci aquele padre famoso, Fábio de Melo. O papa fez o sinal da santa cruz na minha testa e na de todos os presentes.

Depois da missa, o tão aguardado almoço. Enquanto se dirigia para a cozinha para acompanhar os bastidores, Martha ligou o celular e viu que havia sete chamadas perdidas do filho.

Retornou a ligação de Gelinho, pensando se tratar de algo urgente na empresa:

– Acabou de acabar a missa do papa. Agradeci a Deus pela nossa família, pelo nosso negócio.

O filho explicou a urgência:

– Mãe, então pode agradecer muito mais, porque a Gabriela acabou de saber que está grávida.

Era a notícia de que o tão desejado neto estava a caminho. Desde que Gelinho e Gabriela começaram a namorar, Martha fazia enxoval para a criança, comprando coisas de bebê e guardando em casa. A futura avó permaneceu na capela por mais um tempo, emocionada com as boas novas. E, quando se dirigiu ao prédio, viu que o corredor por onde deveria passar já estava tomado pela polícia do Vaticano.

– Nunca vi policiais tão lindos na face da Terra! Gente, eu queria ser o papa só para ter aqueles guarda-costas [risos] – diverte-se a estilista, ao lembrar que foi barrada a poucos metros de onde Sua Santidade participava do almoço oficial. – Uma hora e meia depois, vejo uma das freiras vindo em minha direção e chamando, porque o papa queria saber quem tinha feito a mesa – recorda-se a alagoana.

Martha havia se preparado para a eventualidade de um encontro *tête-à-tête*. O protocolo rígido da visita papal impedia a entrada de máquinas fotográficas no Palácio São Joaquim. Não contavam com a astúcia da estilista, sempre ciosa de que o poder de uma imagem vale mais que mil palavras. Dias antes, ela havia combinado com a *Caras* de fotografar os detalhes do almoço do papa, se tivesse a oportunidade. E mandar com exclusividade para a publicação.

– Quando me disseram que ninguém podia entrar com máquina no evento com o papa, era como se eu tivesse ouvido: "Martha, compra uma máquina profissional bem bacana, porque é a sua oportunidade" – diz a estilista, que ligou para um amigo da *Caras* para adquirir uma máquina profissional, que fosse fácil de manusear. – Depositei o dinheiro e pedi que a entregassem na sede da revista, para que eles deixassem regulada, pronta para o clique. Mandei fazer uma bolsinha de couro do tamanho da máquina e botei um fundinho falso. Como andava com uma merendeira por causa da bariátrica, coloquei em cima umas bananinhas. Levei a máquina escondida na lancheira.

Ao se posicionar junto à mesa, ela sacou a máquina e explicou os comandos para a primeira pessoa que encontrou, a quem pediu que fizesse as vezes de fotógrafo.

– Avisei: "Quando o papa chegar perto de mim, você tira uma foto!". E assim foi feito. Fui a única pessoa que saiu do palácio apertando a mão do papa e com uma foto registrando aquele momento – regozija-se Martha.

Sempre tão efusiva, a estilista disse que ficou paralisada e muda quando o papa lhe entregou um terço que tirou do bolso e falou:

– Reze por mim.

O presente especial virou enfeite e proteção no quarto do neto Guilherme, que nasceria dali a oito meses.

Em sua edição da semana seguinte, a revista *Caras* trazia a reportagem intitulada "Martha Medeiros e o papa", com a foto exclusiva, furo da própria retratada. Francisco, o papa *pop* e simpático, tornou-se assim garoto-propaganda da Martha Medeiros Home. No site da marca, a nova linha era apresentada com referência ao envolvimento pessoal e profissional da estilista com a visita papal ao Brasil.

A empolgação inicial cedeu lugar à realidade de mercado. A linha Martha Medeiros Home deixou de ser fabricada, mesmo após a euforia da festa de lançamento cheia de estrelas e socialites e do golaço de ter feito o enxoval do papa Francisco. A estratégia era manter o foco do negócio em roupas. Só seria retomada anos depois, quando a estilista inaugurou a Casa Martha Medeiros, em São Miguel dos Milagres, em 2019.

– Foi maravilhoso ter um garoto-propaganda daqueles. Depois que essa primeira leva de objetos de decoração e cama & mesa foi ampliada para atender o papa, optamos por parar a produção da linha Home – lamenta Martha. – Por uma série de motivos, mas principalmente por não dar lucro. Para ser lucrativa, era preciso uma escala enorme e muita dedicação.

Seis anos depois, Martha precisaria concentrar suas energias em um problema grave de saúde: o crescimento descomunal de um caroço no pescoço, cuja primeira suspeita era de câncer. Em meados de 2019, fez uma cirurgia delicada para retirar um tumor de quase meio quilo, que já pressionava o cérebro e a coluna vertebral, após anos fugindo dos médicos. Ela mostra radiografias que revelam a extensão de um lipoma, tumor benigno, composto de células de tecido adiposo acumuladas dentro de uma cápsula fibrosa abaixo da pele, que se espalhou por vértebras, pela carótida e pela base do crânio.

– Fui a onze médicos, até ser operada por um dos maiores especialistas de câncer de cabeça e pescoço. Nenhum deles me deu nem 1% de chance sequer de sair dessa sem sequelas – relata a estilista, completamente restabelecida.

Na hora de entrar no centro cirúrgico, o marido assinou um termo de responsabilidade em que se declarava ciente da gravidade e dos riscos do procedimento.

– Só fiquei ouvindo e depois olhei para os dois médicos e disse: "Levem um baralhinho. Vocês não vão ter o que fazer na sala de cirurgia. Deus já me operou" – conta a paciente.

– Quando abriram minha garganta, aquele caroço todo enraizado que se via nas radiografias estava solto, como se tivesse sido passado em um plástico filme – emociona-se Martha, ao relatar que os cirurgiões retiraram o tumor de 498 gramas sem causar danos à paciente. – O médico da carótida disse que não ia cobrar os honorários, pois não fizera nada.

A cirurgia no pescoço foi um divisor de águas, segundo o marido. Um descuido com a saúde que poderia ter custado caro.

– Martha paga um preço muito alto por brincar com a saúde. Achava que era indestrutível. E a gente viu que não é assim – avalia Gélio. – Ela levou sete anos para retirar o tumor. Fez punção, viu que era benigno e só foi em busca da cirurgia quando o lipoma já estava pressionando a carótida e poderia ter consequências graves. Chegou uma hora em que estava com 7,5 centímetros dentro do pescoço. Chegou até a coluna vertebral. Ela tem muita sorte de estar viva e com todos os movimentos.

Gélio lembra-se do reencontro após a cirurgia.

– Pedi a ela que mexesse os braços e as mãos. Ela mexeu. Meio anestesiada, abriu a boca e os olhos. Vi que não teve nenhuma sequela na face. Ufa, minha mulher está zero-quilômetro [risos]. – Gélio suspirou, aliviado. – Foi uma pulada de fogueira que a fez repensar a vida. Ela fez uma promessa de ensinar essa habilidade que tem com a renda, esse dom, a outras pessoas. Por isso, quer montar uma escola de artesãos e desacelerar. O corpo deu sinal de que não dava mais para seguir no mesmo ritmo. Ela emendava no trabalho cinco dias sem dormir direito. Vomitava de cansaço. Era viciada em trabalho.

Martha reconhece que nunca foi de ir ao médico nem ouvia os conselhos insistentes do filho, que é um profissional da saúde:

– Nunca tive muito tempo para me cuidar. Só ia para o hospital no último pau de arara. Foi o que eu fiz quando precisei de uma histerectomia [cirurgia para retirada do útero]. O mioma estava enorme, com mais de um quilo. Saí do hospital direto para a loja. Depois, fiz a cirurgia bariátrica em 2013. Emagreci bastante. Estava com 110 quilos, cheguei a 65 quilos e voltei a quase 90 quilos. É difícil se manter magra.

O excesso de trabalho e a falta de zelo com a própria saúde são fatores que explicam o fato de ela ter "criado" um tumor ao longo de anos. A descoberta acidental do caroço não levou a uma imediata resposta por parte da paciente nada disciplinada, sempre fugindo dos médicos e do centro cirúrgico.

– Estava indo viajar com meus dois filhos e as namoradas deles. No aeroporto, Gustavo, que estava se formando em Medicina, botou a mão no meu pescoço e ficou muito assustado, dizendo: "Mãe, tem um caroço aí no seu pescoço". Dava para sentir o caroço, de tamanho considerável.
– Quando voltei da viagem, ele quis que eu fosse direto para o médico, um professor dele da USP, que já queria operar – relata Martha.

O prognóstico era que tinha que ser operada imediatamente, mas ela resolveu consultar outro especialista, e a indicação foi que deveria emagrecer antes.

– Você vai ter que fazer regime, porque é um caroço grande, está com uns cinco centímetros – sugeriu o médico, em razão de a zona do pescoço ser muito perigosa, cheia de vasos.

Martha tomou a decisão de fazer antes a cirurgia para reduzir o estômago e acelerar a perda de peso. Só que, após a bariátrica, passaram-se quase sete anos até que ela se livrasse do tumor.

– Fui deixando o tempo passar. Todos os meus parentes médicos, e meu filho Gustavo, especialmente, ficavam insistindo. Eu tinha muito receio de sequelas e de ficar dependente. Fazia as contas: "Melhor ter mais três anos perfeita".

Até que um dia estava na loja e chegou uma cliente para provar uma roupa para uma data especial, os 25 anos de casamento. Martha estava distante, com a cabeça longe, pensando nas visitas que fizera aos médicos nos últimos dias.

Depois de separar três vestidos, a bispa Sonia Hernandes perguntou:

– Martha, você não está bem hoje, né?

– Estou preocupada – respondeu a estilista, que naquele dia não interagiu com a cliente como de costume.

Foi surpreendida pela bispa, fundadora da igreja Renascer em Cristo, que levou a mão ao caroço no seu pescoço, tirou da bolsa um óleo que trouxera de uma viagem a Israel e passou no local.

– Você vai trocar a palavra medo pela palavra fé. Tenho certeza de que você já foi operada. Tenha fé – disse a bispa.

Martha relata que saiu da loja com outros pensamentos. Naquela noite, sonhou que todas as raízes do tumor tinham se soltado e grandes partes iam saindo pela boca, sempre que ela falava. Quando se levantou, contou ao marido sobre o sonho premonitório:

– Gélio, eu já fui operada. Sonhei que o meu caroço está solto. Quero fazer a cirurgia na próxima semana.

No mesmo dia, ligou para o cirurgião. A operação foi agendada para dali a cinco dias. Martha se internou em 28 de maio de 2019 no Hospital Israelita Albert Einstein, em São Paulo.

– Lembro que fui para o centro cirúrgico muito calma, invadida por uma paz que só uma fé muito grande pode trazer – diz ela.

O procedimento exigia uma junta médica, envolvendo especialistas de várias áreas. O tempo previsto de internação pós-cirurgia era de cinco dias. Martha deixou o hospital vinte horas depois de operada.

– Quando os médicos abriram, o tumor, antes enraizado, estava solto. Foi retirado sem corte. Um único furinho na carótida poderia deixar sequelas e causar uma hemorragia grande. Foi um milagre – afirma Martha, categórica. – Os médicos, inclusive meu filho, dizem que tive sorte. Para mim, o nome disso é fé. Quando morrer, vou perguntar para Deus: "Por que o senhor gostava tanto de mim?".

Espiritualidade desenvolvida ao largo das religiões, em leituras diárias da Bíblia, seu livro de cabeceira. De um exemplar que ganhou da sogra e que pertencera à avó de Gélio, todo ele grifado e bem manuseado, por anos de uso.

– Quando leio a Bíblia, eu sei que Deus está comigo, me sinto uma pessoa privilegiada, alguém que ele olha e cuida – testemunha, com fervor.

Confessa, no entanto, não professar um único credo:

– Já fui da igreja católica e não gostei. Frequentei igrejas protestantes, mas não vou mais. Gosto da palavra, mas não do convívio. Tento nunca ser preconceituosa sobre religiões. Não importa se é crente, católico, espírita ou do candomblé. Cada um vai ser o que quiser. Olho para todas as religiões da mesma maneira. Vejo Deus como uma energia, um Ser Supremo que olha para todos. Dentro do coração dele cabe todo mundo. Fé é o que me move e me dá certeza de que vale a pena viver.

Mantém o hábito de abrir a Bíblia para encontrar mensagens aleatórias que falem ao coração:

– Esses trechos sempre deram um norte.

Ela cita um versículo especial, o 29 do capítulo 20 do segundo livro do profeta Samuel:

"Porque Tu, Senhor, És a minha lâmpada. E o Senhor ilumina as minhas trevas. Porque Contigo passo pelo meio de um esquadrão, pelo meu Deus salto um muro. O caminho de Deus é perfeito. E a palavra do Senhor, refinada. O escudo de todos que Nele confiam. Porque quem é Deus, senão o Senhor? Quem é o rochedo, senão o nosso Deus? A minha fortaleza e a minha força. E Ele desembaraça o meu caminho."

– Amém.

Capítulo 10

LAÇOS DE FAMÍLIA

Ao completar 50 anos, Martha Medeiros ganhou um gravador de presente do marido, Gélio. Incentivada por ele, começou a fazer um balanço de sua trajetória e registrar momentos emblemáticos de sua vida para uma biografia. Antes de traçar pequenos ou grandes planos empresariais ou na moda, a estilista afirma que sua maior meta na vida foi transformar os dois filhos em homens de sucesso, independentes e cidadãos do mundo.

– Ficava no aeroporto observando os viajantes, imaginando quem eram e de onde vinham – relata Martha, que se fixava nos meninos desenvoltos, prontos para ganhar o mundo, em contraposição a outros que pareciam deslocados. – Eu pensava: *Aquele ali tem cara de nordestino, é do interior. Já aquele tem cara de menino do mundo, pode ser de qualquer lugar.* É com este último que queria que meus filhos se parecessem. Que fossem para a Europa e os Estados Unidos. Trabalhei enlouquecidamente até conseguir. Por muito tempo, a grande preocupação da minha vida foi o sustento da casa e a educação deles, hoje dois homens construindo seus caminhos.

O primogênito, Gélio Costa Medeiros, nasceu em 1º de outubro de 1983. Formado em Administração pela conceituada FGV-SP, em 2010, Gelinho trocaria uma promissora carreira como executivo para se tornar CEO da grife Martha Medeiros. Em 2021, depois da profissionalização da marca criada pela mãe, ele partiu para um voo solo, com o lançamento da fintech Nargro, startup que atraiu grandes investidores.

Já o caçula, Gustavo Medeiros, nascido em 25 de novembro de 1985, tornou-se psiquiatra, graduado pela Universidade de São Paulo, na Faculdade de Medicina de Ribeirão Preto. Radicado nos Estados Unidos, foi pesquisador da Universidade do Texas e concluiu em 2021 a segunda residência, na Faculdade de Maryland. Após ganhar um prêmio de melhor pesquisa sobre depressão, Gustavo foi aprovado para o doutorado no Johns Hopkins, um dos mais renomados centros de pesquisa do mundo.

Gelinho, como o mais velho é conhecido para diferenciá-lo do pai de mesmo nome, e o irmão Gustavo sempre estudaram nas melhores escolas. Mesmo nas fases em que a família passava por dificuldade financeira. Gélio e Martha se orgulham de nunca ter economizado na formação dos herdeiros, ambos graduados em universidades de renome, poliglotas e viajados, como a mãe queria em seus devaneios nos saguões dos aeroportos. Martha sempre deixou claro o sacrifício que fazia para priorizar o melhor para as crias.

– Quando os meninos eram pequenos, eu passava cinco dias sem vê-los, trabalhando sem parar – recorda-se ela.

Cabia ao pai levar e buscar os filhos na escola, na época insana de funcionária do Banco do Brasil e sacoleira. Ela gostava de ter uma conversa franca com os filhos à mesa oval da sala. Vez ou outra, acordava os dois antes de sair. O papo era direto e reto, e a duplinha tinha que responder em coro às perguntas da mãe.

– Onde é que a mamãe estava que faz cinco dias que não vê vocês? – indagava Martha.

– Trabalhando! – respondiam Gélio e Gustavo.

– E por que a mamãe trabalha tanto? – continuava Martha.

– Para não faltar nada para a gente – completavam os dois meninos.

Ao fim do jogral caseiro, as crianças eram autorizadas a voltar para a cama.

– Podem voltar a dormir, que, quando crescerem, eu pago terapia para os dois – conclui Martha, aos risos. – Lá em casa, até o cachorro do Gustavo toma Rivotril. Todos medicados.

O psiquiatra da família recomendou que a mãe procurasse uma psicoterapia em busca de maior controle emocional.

– Estou tomando vinte gotinhas por dia e fazendo terapia para pegar foco – gargalha Martha, sobre ter seguido o conselho profissional do filho caçula.

Durante toda a infância e a adolescência dos filhos, Martha conta que repetia como mantra o ideal acadêmico que almejava para os herdeiros.

– Você vai fazer a London School! – dizia para Gelinho, referindo-se à London School of Economics and Political Science, instituição de pesquisa ligada à Universidade de Londres, uma das mais renomadas da Europa.

– E você ainda vai estudar em Harvard – declarava para Gustavo, para quem reservava a mais prestigiosa universidade norte-americana.

E mandava ambos repetirem os desígnios maternos. Boa parte deles se concretizou ao longo das últimas décadas. O caçula passou no vestibular de Medicina da USP. Aos 34 anos, em 2020, publicou em coautoria um estudo sobre ansiedade em tempos de covid-19 na conceituada *Harvard Review*. Gustavo Medeiros coleciona artigos em publicações científicas, tendo sido considerado um dos cinco profissionais mais promissores da área nos Estados Unidos.

Para Gustavo, o retorno do investimento familiar veio com a aprovação no vestibular, saindo direto de Maceió para o mais concorrido curso de Medicina do país. Conquista que fazia parte da meta de uma formação cosmopolita.

– Entendi que podia ser cidadão do mundo em Alagoas. Via a nossa realidade e as possibilidades fora de lá. Nossos pais sempre nos estimularam a estudar, a ler, a viajar – reconhece o caçula. – Minha mãe sempre foi generosa, mesmo nas épocas de vacas magras. Pagava a melhor escola de inglês e o melhor colégio. Em 2008, eu pude dar uma volta ao mundo. Parei um ano a faculdade, fui para a Universidade da Califórnia e emendei uma temporada em Paris e Madri. Nunca pensei que minha família teria capacidade financeira de bancar isso.

Gelinho também viajou pelo mundo e teve a oportunidade de aperfeiçoar o inglês no Reino Unido e nos Estados Unidos, como os filhos de famílias abastadas fazem.

– Aos 14 anos, fazia o Ensino Médio na melhor escola de Maceió, quando fui para a Inglaterra estudar inglês – relata o primogênito dos Medeiros. – Fiz um curso de férias por dois meses em Wimbledon, em 1998. Era uma coisa desproporcional para nossa realidade financeira, mas dentro dos esforços de nossos pais de nos dar a melhor educação.

Herdeiro da veia empreendedora da mãe, Gelinho conta que desde pequeno ia atender na área de brinquedos da loja em Maceió. Adolescente, resolveu que era hora de trabalhar.

– Com 14 anos, depois da viagem, fui ser estagiário no Banco do Nordeste. Ganhava 385 reais por mês – recorda-se Gelinho, desde cedo ligado em finanças. – Eu queria sair com amigos e viajar. E, para ter dinheiro para bancar, eu comecei também a comprar peças de carro em São Paulo para revender em Maceió, o que fazia minha renda chegar a 2 mil reais.

Quando Gelinho foi aprovado na FGV, com mensalidades que giram em torno de 5 mil reais, Martha e Gélio fizeram sacrifícios para custear a formação superior diferenciada.

— Eu queria que meus filhos frequentassem as melhores universidades do mundo e não media esforços – repete a mãe. — Vendemos o único carro da família para pagar o primeiro ano da FGV, correndo atrás para bancar esse sonho.

Além de reconhecer o empenho da família para mantê-lo na FGV, Gelinho conta que fazia sua parte, com um excelente desempenho acadêmico e ajudando nas despesas.

— Eu também tinha de me virar. Como a faculdade era em tempo integral, eu não podia trabalhar, mas comprava carro usado em Maceió para revender em São Paulo – relata o primogênito, que aproveitava a disparidade de preços entre as regiões. — No Nordeste, os veículos valiam menos. Como meu pai trabalhava com compra e venda de carros usados, eu passei a fazer o mesmo. Os caminhões iam lotados de carros novos e voltavam vazios, então o frete era barato. Essa venda de carros usados, que vinham de Maceió nessas carretas, ajudou a custear minha faculdade.

A promessa de transformá-los em cidadãos do mundo foi cumprida, segundo o mais velho:

— Logo que vim para São Paulo e entrei na FGV, apareceu a oportunidade de trabalhar na Disney, em um *summer job*. Fui em dezembro de 2003 e fiquei até o final de fevereiro, um grande aprendizado. Convivendo com pessoas de quarenta países no mesmo condomínio. Foram três meses de trabalho e quinze dias de treinamento na Disney University, onde aprendi como encantar o cliente. Depois, fiz também intercâmbio na Universidade do Texas, em Austin. Experiências que me deram essa visão de mundo.

Para Gélio, o pai, todo o investimento foi recompensado:

— Nossos filhos sempre corresponderam a essa questão de sede de cultura, de conhecimento. Sempre responderam à educação – orgulha-se o engenheiro, que por anos sacrificou a própria carreira pela estabilidade de funcionário público a fim de manter a família. — Quando pagávamos uma boa escola, eles se destacavam. Assim como nos cursos de inglês, francês, espanhol. E hoje são dois profissionais bem-sucedidos.

Amiga da família, Luiza Helena Trajano destaca a formação dos herdeiros do casal Medeiros:

— Eles criaram filhos geniais – avalia a presidente do conselho de administração do Magazine Luiza, dona de uma das trajetórias empresariais mais admiradas do país.

– Sempre tivemos em casa esse exemplo de trabalho, de empreendedorismo, de tirar o chapéu – diz Gelinho, o filho que seguiu mais de perto os negócios da mãe.

– Tudo que ela toca vira ouro! – avalia o caçula, ao passar em revista a trajetória profissional da mãe estilista e o sucesso comercial da grife Martha Medeiros.

Distante do mundo da moda, Gustavo percebeu o tamanho das conquistas maternas ao acompanhá-la ao prêmio de Personalidade do Ano em 2011, conferido pela revista *Claudia*. O evento na Sala São Paulo trazia como homenageadas as mulheres que se destacaram em suas áreas. Pouco tempo antes, a mãe era uma das convidadas do *Programa do Jô*, sinal de prestígio e de que o restante do Brasil se rendia ao carisma da alagoana.

– Ela é uma pessoa extremamente carismática, com capacidade de realizar o que muitos deixam só na cabeça. E tem a inteligência emocional de ler o que as pessoas querem. Faz isso instintivamente – ressalta Gustavo.

Quando foi estudar Psiquiatria, ele enxergava na entrevista motivacional aplicada aos pacientes o que a mãe faz no dia a dia no trabalho, com a capacidade de leitura do que é importante para o outro, seja uma cliente, uma rendeira, seja uma celebridade.

– Todo mundo vê essa parte empreendedora, divertida, social. Debaixo dessa personalidade pública tem toda uma maneira de ela ver o mundo que faz a coisa dar certo – avalia Gustavo. – Minha mãe tem prazer em fazer bem-feito, de ver a qualidade do produto final. E passou isso para a gente. Não parece trabalho. Ela está se divertindo, curte o processo em si, de fazer a roupa, de organizar um evento. O foco não é só quanto vai cobrar ou ter lucro. O trabalho todo faz muito bem para ela.

Estar envolvida em todas as etapas e pensar em cada detalhe, ter uma visão 360 graus dos negócios são características que a estilista cultivou. E ensinou aos filhos.

Como profissional de saúde mental, Gustavo analisa a personalidade materna:

– Ela é uma pessoa 3D, com múltiplas dimensões, muita complexidade mental e uma história de vida bem particular. Minha mãe sabe que no fundo tudo pode dar errado, mas assume que vai dar certo. Foi o que aconteceu quando ela decidiu abrir a loja em Los Angeles. Na cabeça dela, a Beyoncé já estava vestida com um vestido Martha Medeiros. Nesse processo, existe o que não dá certo, mas ela sempre tem uma resiliência muito grande. Não se abate. Tem essa capacidade de voltar ao normal quando leva uma pancada e seguir mais forte. Ela passou isso para a gente: essa maneira de ver o mundo que faz a coisa dar certo.

O caçula busca em memórias da infância fatos que ilustram essa forma de superar as durezas e os reveses da vida. No sobe e desce das finanças familiares, ele se lembra de quando passaram a morar em um apartamento pequeno, em um prédio sem elevador, em Maceió. O pai, que gostava de fazer trilha de jipe, tinha um modelo 1954, feito para guerra, com cheiro de querosene, bem combalido. Era o veículo esportivo que cabia no orçamento dos Medeiros.

– Olha, é o carro do Batman! – dizia Martha diante do carro velho.

A foto de Gustavo no colo da mãe em um bairro bem simples de Paripueira, no interior de Alagoas, também revela essa capacidade de se adaptar às intempéries.

– Quando eu nasci, eles eram bancários. Minha mãe foi trabalhar no Brasil profundo, uma realidade bem próxima daquela da África Subsaariana, sem saneamento nenhum – compara o caçula. – Havia um toco para amarrar o jegue na frente da agência. Eles passavam quinze dias sem água em casa, esperando o abastecimento com caminhão-pipa.

Na época da escola, Gustavo conta que os Medeiros sempre tinham o pior carro entre as famílias dos colégios particulares por onde passaram, em Maceió e em São Paulo.

– Em compensação, quando a gente precisava, tinha professores particulares supercaros – reconhece o caçula.

No caso do filho mais velho, o investimento maior começou quando Gelinho se mudou de Maceió para Campinas (SP), em 2001, para se preparar para o concorrido vestibular da Fundação Getulio Vargas.

– Sabia o que queria e fui em busca do meu sonho com determinação – afirma Gelinho, que precisava correr atrás do prejuízo em relação aos melhores alunos dos melhores colégios de São Paulo, para garantir sua vaga no concorrido vestibular. – Vinha com base ruim de Maceió. Dos 140 alunos do cursinho, eu era o 138º no ranking quando cheguei. Nos últimos três meses, eu fui o número 1.

Assim como a mãe, o primogênito de Martha Medeiros conclui:

– Sempre fui de acreditar até conseguir.

Atrás do furacão Martha Medeiros existe a figura calma e firme de Gélio Medeiros, companheiro da estilista há mais de quatro décadas. Marido, pai dos dois filhos e também sócio da grife e de outros negócios que giram em torno da estilista, o engenheiro encara com tranquilidade o desafio de caminharem juntos pela vida em todos esses territórios.

– Ele é a estrutura, dá uma estabilidade grande para ela. É quem fica atrás das cortinas, nos bastidores. Tem que ter confiança em si mesmo para estar confortável nesse papel – avalia Gustavo Medeiros, referindo-se ao fato de que muitos homens se ressentem de a mulher ter mais sucesso.

No seio de uma família matriarcal, com mulheres de personalidade forte e empreendedoras, Gélio é o freio, é quem segura o rojão Martha Medeiros. E ela reconhece isso.

– Agradeço a Deus que me deu esse companheiro há quarenta anos. Eu faço e aconteço no trabalho. Sou autoritária, mas, quando chego perto do meu marido, beijo os pés dele. Sou dependente do amor do Gélio – reconhece a estilista.

Os dois se conheceram em 1980, apresentados por uma amiga. Ele tinha 20 anos, e ela, 17.

– Martha sempre foi muito metida. Era muito bonita e ainda é. Com aqueles olhos verdes. Mas era danada. Foi ela que chegou junto – relata Gélio, aos risos. – Namoramos dois anos. Ela era louca pra casar. O casamento foi simples, na igreja. A irmã dela mais nova, a Márcia, entrou com o porta-aliança. A vida começou assim: duas crianças brincando de casamento, com toda a nossa falta de experiência.

E logo vieram os filhos e o objetivo comum de criá-los. Ambos passaram no concurso do Banco do Brasil. Na época, já não era mais o grande emprego almejado pela classe média, mas os dois salários permitiram o financiamento do primeiro apartamento. O casal de funcionários públicos pouco a pouco passou a empreender como atividade principal. Em 1998, quando Gélio pediu demissão, a exemplo da mulher, que abandonara o emprego anos antes, o salário dele no banco estatal era de mirrados 826 reais.

– Abri mão de minha carreira. Sou engenheiro elétrico, mas nunca exerci a profissão, porque não podia arriscar com dois filhos pequenos – diz Gélio.

Houve momentos na trajetória empresarial nos quais o casal precisou de mais do que esforço para superar. Foi o caso da dissolução da Martha's

Boutique, uma sociedade entre Martha, a mãe, dona Marta, e a irmã caçula. Gélio assumiria a parte financeira e contábil da empresa que originou a grife Martha Medeiros, em substituição à multimarcas.

– Quebramos e ficamos com o nome sujo por causa de uma dívida de 500 mil reais em impostos e uma série de coisas. Levamos sete anos para liquidar tudo – recorda-se o marido. Nessa época, Gélio trabalhava com revenda de carros. – Tinha uma lojinha e também fui gerente de concessionária. Deixei meus negócios para montar outra loja com a Martha. Iniciamos o negócio devendo 150 mil reais.

Seis meses depois, a nova loja, a primeira com o nome Martha Medeiros, já estava no azul e abrindo caminho para a expansão da marca para São Paulo, que em alguns anos resultaria em um negócio com pontos de venda em 35 países.

Altos e baixos de uma trajetória ao lado de uma mulher de personalidade forte, batalhadora, voluntariosa e sonhadora, enumera ele entre os principais predicados da companheira.

– Martha é muito impulsiva e para ela não existe não. A negativa é combustível para atingir o objetivo – ressalta Gélio.

Cabe a Preto ou Pretinho, como carinhosamente a estilista chama o marido, segurar a impulsividade dela. Tarefa complexa, mas balanceada pela cumplicidade que o casal construiu ao longo de um relacionamento sólido.

– É a velha história do Super-Homem que salva a todos, mas quebra vidraça, vira o carro e faz um estrago até salvar o cachorrinho. É poderoso e destrutivo – compara o engenheiro para se contrapor à mulher superpoderosa. – A minha função é suavizar os caminhos para que não haja mais destruição na hora de Martha ir atrás do que deseja. Algumas vezes, não consigo. Se deixar, ela quer fazer coisas grandiosas o tempo todo, às vezes dando um passo além da perna. Ela acha que é sócia de Deus e que pode tudo. E ninguém pode tudo. Por outro lado, Martha não faz de conta. Não representa um papel. O segredo dela ter conseguido tudo isso é ser verdadeira.

Para Cidinha, amiga de décadas do casal, Gélio Medeiros é o bombeiro na relação:

– Martha tem um marido doado por Deus, que é um ser humano diferenciado. A paciência dele é de Jó. Ela coloca fogo e ele vai apagando. Com Martha não tem muito diálogo. É um monólogo. Ela fala e acabou. Então vem o Gélio e segura a barra. Ele é mestre nisso. Martha conquistou tudo que tem por ter Gélio do lado quando a coisa aperta. Se ela ganhou a taça, ele merece o Oscar. Sempre segurou a onda para a mulher poder voar.

Companheirismo de lado a lado, o que fez o casal superar a fase mais difícil do casamento, quando Gélio precisou buscar tratamento para o alcoolismo. Bem no meio da famosa crise dos sete anos, quando muitos relacionamentos acabam.

– Gélio é um homem maravilhoso, que me ensinou muito na vida. Aprendi com ele o que é simplicidade, honestidade. É o melhor pai, companheiro e incentivador, mas nem sempre foi assim – diz Martha.

Quando se conheceram, ela conta que o namorado sempre bebia, assim como o pai e os primos. Só que, a partir de um dado momento, a bebida fez um estrago grande na rotina da família Medeiros. Os filhos estavam na faixa de 6 e 8 anos. Martha diz que olhava para o marido e não reconhecia o homem pelo qual se apaixonara e com quem decidira constituir uma família.

– Gélio começou a misturar bebida com remédio, com tudo – recorda-se, ao falar de um episódio pesado, divisor de águas no casamento e na vida do marido. – Até que, um dia, eu ia levar os meninos para um aniversário, quando ele chegou em casa alterado. Quebrou tudo e jogou coisas pela janela. Fiquei olhando calada, segurando a mão das crianças e falando para mim mesma: "Eu não me engano, debaixo dessa casca tem o homem maravilhoso que pedi a Deus e escolhi para ser pai dos meus filhos". Tomei a decisão de apoiá-lo para que se tornasse o marido dos meus sonhos.

Martha e Gélio mexem em feridas já cicatrizadas, após superarem um teste de fogo que exigia muito dos dois jovens companheiros, em meio à luta cotidiana pela sobrevivência e pela criação de filhos pequenos. No dia seguinte ao do ato destrutivo, o pai de família e marido falou mais alto. Gélio decidiu buscar ajuda profissional para os problemas de adição. Passou seis meses em uma clínica de referência no Recife, para tratamento e desintoxicação. Martha ficava durante a semana em Maceió, cuidando da loja e das crianças. Na sexta à noite, pegava os filhos para irem de ônibus visitá-lo. Retornava na segunda-feira cedo para a rotina pesada, enquanto o marido se restabelecia.

– Conseguimos a clínica porque tínhamos o plano de saúde do Banco do Brasil. Eu fazia questão de ir com as crianças para o Recife. Queria que os meninos vissem o que o álcool e as drogas fazem com as pessoas. Após sair da clínica, Gélio nunca mais bebeu uma gota de álcool. Isso faz trinta anos. Foi um outro grande desafio. Fico muito feliz de não ter jogado fora o meu casamento, de ter apoiado o meu marido e pai dos meus filhos.

Outro desafio que a família Medeiros precisou superar foi a redefinição do papel de Martha Medeiros nos negócios, a partir do momento que ela, a fundadora da marca, decidiu que era hora de sair do dia a dia. Em 2017, estabeleceu que até 2019 faria essa transição dentro da empresa.

– No momento da decisão, eu não sabia quão gradativa e em que termos seria minha saída – admite Martha. – A empresa tinha de se profissionalizar e eu precisava me afastar com saúde para poder ajudar, se necessário. Queria voltar a ter somente um relacionamento de mãe e filho com Gelinho. Foram momentos de grande evolução.

O filho também precisava voltar a ser filho.

– A partir do momento que começamos a trabalhar juntos, comecei a chamá-la de Martha, para não tratá-la como mãe dentro da empresa – relata Gelinho.

Na última década, as duas *personae*, a matriarca e a fundadora e alma do negócio, se misturaram na rotina do primogênito dos Medeiros.

Na mesma lógica profissional, Gelinho passou a tratar o pai por um formal "seu Gélio" dentro da empresa.

– Quando ele saiu, voltei a chamar de pai, mas a Martha continuei tratando por Martha – diz o filho. – Sociedade não é fácil, mais difícil ainda em família. Ela não queria mais administrar o negócio e precisou organizar as ideias na cabeça dela para definir se ia querer ficar ou sair do dia a dia da empresa. O que Martha sabia fazer era criar e vender roupa. Passou por dificuldades com ela mesma, mas se encontrou e conseguiu se reinventar. Ela não precisa carregar mais a responsabilidade de tocar a empresa, hoje faz o que gosta.

E o futuro está garantido, a depender do neto Guilherme, que aos 7 anos demonstra sua veia empreendedora.

– Vovó, me ensina vender? – pede o garoto, que mostra a desenvoltura da avó paterna na arte do convencimento em vídeos caseiros, para deleite da família.

– Nossa brincadeira preferida é brincar de vender – diz Martha, que se encanta ao ver o garoto tentar negociar carros. – A gente disputa para ver quem vende melhor. O segredo é como encantar o cliente – ensina a estilista e transmissora do DNA de mercadores natos.

Capítulo 11

UMA MARCA DE LUXO 100% BRASILEIRA

— Mãe, eu estou na Madison olhando o ponto da nossa futura loja – disse Gelinho, ao telefonar para o Brasil para contar as novidades de sua primeira viagem a Nova York, em 2002.

O primogênito dos Medeiros, então estudante do primeiro ano do curso de Administração de Empresas na Fundação Getulio Vargas, em São Paulo, dividia sonhos que pareciam delirantes com a família.

O jovem de 19 anos antevia letreiros Martha Medeiros em uma vitrine da famosa avenida de Manhattan, artéria viária movimentada que corta a cidade de norte a sul. Gelinho projetava um futuro glorioso para as criações maternas, após ter feito o curso Negócio do Luxo, ministrado por Carlos Ferreirinha, ex-executivo da grife Louis Vuitton no Brasil.

Foi com a maior referência no mercado de luxo no país que o filho mais velho da estilista alagoana recebeu os primeiros ensinamentos sobre o segmento. Foi apresentado a cenários nacionais e internacionais, aos conglomerados e marcas e particularidades de consumo e marketing do comércio voltado ao público AAA.

– Você não me conhece, mas vou ser dona de uma das principais marcas de luxo do país – disse Martha em um telefonema a Ferreirinha, ao saber que o consultor daria o primeiro curso focado em gestão no mercado de luxo no Brasil.

– Ela tinha ouvido falar do meu curso e queria uma vaga para o filho. Detalhe: me avisou que não tinha dinheiro para pagar – recorda-se o consultor.

Diante da franqueza, ele ofereceu uma bolsa para o jovem alagoano frequentar sua primeira turma, que se reuniria em encontros semanais ao longo de três meses na faculdade Anhembi Morumbi, em São Paulo.

– Quando vi um garoto de 17 anos entrar na sala, com aquela cara de menino, eu pensei: *Essa mulher é louca!*

O episódio é contado como anedota para mostrar a admiração de Ferreirinha pela tenacidade da estilista.

– Ela é sempre muito corajosa, ousada e agressiva positivamente. Não só por acreditar em si mesma, mas por falar que você precisa acreditar nela. Isso é admirável – avalia.

Enquanto Martha Medeiros costurava em tramas de renda as bases de uma marca de luxo genuinamente brasileira ainda em Maceió, seu filho mais velho criava os alicerces teóricos para os voos mais altos do futuro negócio.

Cinco anos após o curso de Ferreirinha, Gelinho apresentava, em 2005, o trabalho de conclusão de curso de graduação, o "Plano de Negócios para a Consolidação e Expansão da Grife Martha Medeiros". Passados outros cinco anos, mãe e filho fariam seus talentos confluírem para um dos mais surpreendentes *cases* de sucesso no mercado de luxo nacional.

Em 2010, apenas dois anos depois de desembarcar na capital paulista, ainda em um ponto modesto, a estilista alagoana já caminhava a passos largos para fazer de sua marca de roupas sob medida, com forte componente artesanal, objeto de desejo no almejado mercado de luxo.

Fincada nos Jardins, em São Paulo, a grife Martha Medeiros havia iniciado uma arrancada que a levaria ao guarda-roupa de estrelas de cinema e consumidoras de alta-costura da capital paulista a Dubai, quando o filho decidiu trocar a carreira promissora de executivo pela cadeira de CEO na empresa familiar. Em pouco tempo, a marca Martha Medeiros estaria em pontos de venda internacionais importantes, como a Harrods, em Londres, e a Bergdorf Goodman, em Nova York, icônicas lojas de departamentos com seções robustas de grifes de luxo. Chegaria também à Barneys, mais precisamente no número 660 da Madison Avenue, aquela dos sonhos de Gelinho, no trecho da avenida de Manhattan onde vitrines de Valentino, Armani, Prada e Dolce & Gabbana se sucedem.

Entre 2010 e 2017, a aposta no renascimento da renda na moda, associada a design, tecnologia e modelagem sofisticada, mais a profissionalização da gestão e um marketing forte e bem-estruturado, fizeram o *branding* Martha Medeiros conquistar fama nacional e internacional.

O modesto negócio familiar ia galgando um crescimento exponencial, a ponto de começar a atrair o interesse de investidores estrangeiros. Em entrevista à revista *Forbes* em outubro de 2013, a estilista projetava um crescimento de 30% naquele ano e admitia que havia recebido uma proposta de investidores estrangeiros. Revelou à publicação voltada para o universo econômico e de finanças que dissera não, com o argumento de que "preferia lapidar seu diamante".

– Minha cabeça não estava em dinheiro, mas em construir a marca, em um momento em que havíamos comprado uma fábrica e pensávamos em abrir loja fora do Brasil, quando já estávamos vendendo para 35 países – explica Martha.

– A construção da marca Martha Medeiros foi muito bem-feita, a partir do conceito criado pela própria Martha – avalia Gelinho, que como CEO da empresa se ocupava de toda a parte operacional, colocando em prática o plano de negócios que desenhara na faculdade.

Desde quando era estudante de Administração, ele via com interesse o fato de a mãe, em sua butique multimarcas na capital alagoana, vender mais suas próprias peças criadas em uma confecção de fundo de quintal do que as grifes consagradas que ocupavam as araras da loja.

– Era uma época em que a Martha's Boutique vendia o almoço para comprar o jantar e corria o risco de sempre ser uma lojinha, mas eu a incentivava a ter uma marca própria – diz o primogênito. – Eu via os grandes grupos de moda se fortalecendo, entrando com lojas próprias no mercado, numa época em que a Martha Medeiros não tinha *branding* nenhum, mas conseguia vender mais que as grifes conhecidas.

Era hora de pensar em criar uma marca e expandi-la. Cenário que coincide com o fato de a dona de butique e pequena empresária se ver forçada a criar um novo negócio próprio, em razão do fim da sociedade com a mãe e a irmã. Com o nome temporariamente sujo na praça, em razão do fechamento abrupto da loja, e ainda trabalhando para quitar o passivo fiscal e trabalhista, a firma Martha Medeiros Moda foi aberta oficialmente em 2008, em nome de Gelinho.

– A antiga empresa tinha quebrado com a separação litigiosa entre as irmãs em 2006; o banco levou até o carro da família. Meus pais recomeçaram do zero e em pouco tempo se reergueram. Não ficou dívida a ser paga com nenhum funcionário, fornecedor, banco ou imposto. No final de 2008, com capital inicial de 67 mil reais, eles alugaram o primeiro ponto em São Paulo, no número 287 da Rua Melo Alves, em São Paulo – resume Gelinho, sobre a resiliência dos pais para superar as dificuldades.

Nessa mesma época, já com diploma debaixo do braço, o jovem alagoano estava deixando a CCR, grupo com atuação nos segmentos de concessão de rodovias, aeroportos e serviços, em que começara sua carreira de executivo dois anos antes.

– Fui estagiário e efetivado antes de me formar. Fiquei na CCR até janeiro de 2008, mas continuava ajudando nos negócios da família em paralelo, dando palpites, diretrizes, mas não no dia a dia – diz o primogênito.

Aos 24 anos, Gelinho se transferiu para a Solvi, como gerente financeiro da companhia de aterro, coleta de lixo e saneamento básico. Apesar do sucesso e de ter galgado aos 26 anos a posição de diretor, Gelinho não estava feliz.

– Não queria mais ser funcionário, pensava em fazer um MBA ou montar um negócio com o dinheiro guardado. Fui chamado para ser diretor financeiro da TAM, mas decidi que ia colocar em prática o plano de negócios traçado em 2006 na faculdade para a marca Martha Medeiros.

E foi assim que, em maio de 2010, ele assumiu o cargo de CEO da marca de roupas, que contava com o talento da mãe e tinha apenas três funcionários em São Paulo.

– Meu salário de executivo era maior que o faturamento da empresa na época – compara Gelinho. Um ano depois, o primogênito viraria sócio e passaria a deter 33% do negócio de moda. – Investi o dinheiro da rescisão para a empresa rodar. E passei a me ocupar do financeiro, do administrativo e da produção, além do RH. Vendas e criação ficaram com a Martha – explica o gestor.

Dona dos 66% restantes da empresa, a estilista era a locomotiva na criação e na revitalização da matéria-prima e maior diferencial da marca: a renda. Em torno do projeto de consolidação da marca a partir da inauguração da primeira unidade em São Paulo, no final de 2008, Martha Medeiros reuniu em torno de si um verdadeiro "dream team", que passou a contar com a arquiteta Camilla Coatti, ex-diretora de novos negócios da Daslu, responsável pela área que trouxe ao Brasil oitenta marcas internacionais comercializadas na multimarcas que fez história nos anos 1990.

— Martha Medeiros trazia todo o encantamento de uma marca de luxo, mas não era desse universo, e eu a ajudei na tradução desse mercado em São Paulo — afirma Camilla, que foi consultora e diretora de marketing da marca por oito anos.

Acostumada a lidar com grifes consolidadas, a arquiteta se lançou no desafio da construção da neonata Martha Medeiros. Tarefa a ser realizada com poucos recursos, mas contando com o talento e raça de uma estilista disposta a fincar seu nome no nicho da roupa sob medida, com um produto excepcional, boa dose de sorte, pitadas de visão empresarial e foco definido de onde chegar.

— A marca nasceu com força — pontua Coatti, que se graduou em Arquitetura na Itália e fez MBA em Produtos e Serviços de Luxo na Faap. — Martha já tinha um produto com todos os pilares de uma marca de luxo: roupas de excelente qualidade feitas à mão e 100% de algodão, com uma matéria-prima preciosa e cara como a renda, associada a design e a informação de moda, contando com um time bem treinado em modelagem e de costureiras.

Essa entrada com diferencial no mercado de luxo foi facilitada pela essência do produto, na avaliação de Gelinho, que como administrador trouxe uma visão mercadológica para o posicionamento da marca Martha Medeiros.

— É um negócio que tem um aspecto sustentável por trás desde o seu nascedouro. A marca Martha Medeiros é 100% ESG [sigla que se refere às melhores práticas ambientais, sociais e de governança de um negócio], com matérias-primas naturais [não sintéticas], uso de mão de obra inclusiva dentro de uma cadeia de valor que transforma a vida das rendeiras. Tudo isso quando ainda nem se falava em ESG — afirma o primeiro CEO da marca, referindo-se ao conceito que une a tríade Ambiental, Social e Governança como régua para os negócios do século XXI.

Ainda engatinhando, a marca Martha Medeiros incorporava o social e o sustentável em seus pilares, requisitos em alta no mundo corporativo e no mercado consumidor, em sintonia com os graves desafios para superar a crise climática e a crescente desigualdade social e econômica em escala global.

Para além de conceitos e práticas de sustentabilidade e responsabilidade social, era preciso entender o nicho de alto luxo no qual a estilista alagoana mirava quando trocou Maceió por São Paulo, base de seu ateliê de alta-costura.

Nessa trilha, Camilla era a peça que faltava para a inserção da grife Martha Medeiros no mercado AAA. Antes de ser funcionária, a arquiteta foi uma espécie de fiadora do talento da alagoana entre a elite paulistana, desde o momento em que escolheu se casar com um vestido de noiva assinado pela até então pouco conhecida alagoana.

– Camilla é filha de uma família tradicional, tem cara de rica e trabalhava na Daslu. Ela viu as nossas roupas e se apaixonou. Camilla foi a pessoa responsável por trazer Valentino e Chanel para a Villa Daslu – ressalta Martha, sobre a cliente de primeira hora e futura colaboradora.

Com seu jeito cativante, Martha convidou Camilla para auxiliá-la na chegada a São Paulo, entrada promissora no mercado nacional. Recém-saída da Daslu, após a morte de Eliana Tranchesi, a arquiteta concordou em ajudar a alagoana.

– Não tinha como pagar o salário de uma profissional com o currículo e a experiência dela, mas Camilla era fundamental – diz Martha.

A estilista perguntou quanto ela ganhava na Daslu. Tomou um susto quando ouviu a cifra e ofereceu um décimo, abrindo o caixa e explicando que era tudo que poderia pagar naquele momento. Para sua surpresa, a consultora qualificada aceitou o desafio. Em alguns anos, passaria a ganhar quatro vezes mais do que tirava na Daslu.

– Martha não era do universo de grifes de alto luxo ainda, mas criou o espaço dela, por ter um produto único, especial, brasileiro, uma moda que faz com paixão. Era uma estilista que ia para o sertão atrás de rendeiras, tinha esses bastidores da vida dela para mostrar. Algo genuíno – avalia a arquiteta paulistana, com livre trânsito no mercado internacional e também entre a clientela endinheirada de São Paulo, parte da elite econômica que pode se dar ao luxo de consumir peças exclusivas, feitas sob medida.

A relação profissional entre as duas começou quando Camilla aceitou o convite de Martha para visitar a loja recém-inaugurada na Melo Alves, no mesmo local onde ela encomendara o vestido de noiva. Recém-casada, ela estava às voltas com a organização da casa nova, mas concordou em passar duas tardes por semana para entender as necessidades da marca Martha Medeiros e tentar ajudar aquela estilista talentosa a se firmar no mercado.

– Quando chegou a São Paulo, Martha tinha o nome pouco conhecido, mas já contava com uma clientela boa, que comprava bem, clientes que conquistou em eventos ou trouxe de Maceió. Mas era desafiador. Tinha dias em que o caixa da loja nem abria. Peguei a Martha Medeiros do zero ao mil em termos de faturamento – resume Camilla.

Começou o trabalho mergulhando no acervo da estilista. Também analisou o *clipping*, todo o arquivo de material jornalístico veiculado até então. Descobriu que o foco estava em publicações para corte e costura, artesanato e revistas de celebridades.

As primeiras tarefas da nova auxiliar foram: criar o logotipo da marca, estruturar o site, desenhar a estratégia de comunicação e a definição da imagem da marca.

– Você precisa de uma assessoria especializada para trabalhar seu posicionamento. Seu negócio é moda e tem que sair em publicações especializadas, como *Vogue* e *Elle* – aconselhou Camilla, tarefa que coube a assessorias que já trabalhavam para outras grifes nacionais badaladas.

– Martha já tinha mais de trinta matérias publicadas, um volume significativo, mas precisava se reposicionar. Ela contratou assessorias de imprensa e relações-públicas, mas sempre gostou de estabelecer relação direta com jornalistas, produtores e *stylists*. Sempre estimulei esse acesso direto – relata a ex-diretora de marketing da Martha Medeiros.

No processo de reposicionamento, era preciso ajustar o atendimento na loja e no ateliê de alta-costura, ainda baseado no manual que dera certo na multimarcas em Alagoas.

– No começo, eram Martha, o marido e apenas uma funcionária na loja. De vez em quando, a empregada doméstica também fazia as vezes de vendedora. Havia uma mesa no centro da loja onde eram servidas umas dez variedades de quitutes nordestinos. Uma estratégia que funcionava no Nordeste, em que a multimarcas era uma espécie de ponto de encontro, mas a dinâmica de São Paulo não era essa – avaliou a consultora sobre o ambiente e a estrutura simples do início do negócio na capital paulistana.
– O atendimento não deveria ser feito por uma funcionária da casa da estilista para uma cliente que poderia pagar o preço de um vestido de alta-costura. A vendedora tinha que ser alguém que entendesse de moda, de modelagem. Tudo isso foi uma construção.

A empresária ouviu os conselhos, numa seara delicada, por ser ciosa do seu jeito de vender, que dera certo em Alagoas e tem a ver com sua personalidade expansiva e hospitaleira.

– Martha é o tipo de pessoa que absorve tudo rapidamente. É inteligente e transforma até a forma do negócio quando se convence de que é o certo a fazer – elogia Camilla. – Ela era uma esponja, com uma capacidade enorme de absorver códigos e informação. No entanto, sem perder a essência. Fazia tudo com verdade e não caiu na armadilha de querer se transformar para se encaixar no padrão, o que seria um desastre. Martha sabia captar qualquer mudança positiva para o negócio. É uma nordestina escrachada, mas estava sempre impecável nos eventos. No dia a dia, não parecia alguém que trabalhava com moda, estava constantemente com olheiras, acima do peso. Mas fazia da fraqueza uma fortaleza.

A diretora de marketing forjada na escola de Eliana Tranchesi aprendeu a lidar com a personalidade forte e centralizadora da nova chefe alagoana.

– Martha é uma pessoa altamente carismática e envolvente, mas também difícil, pelo grau de exigência altíssimo. Ela tem dificuldade de lidar com quem não tem a mesma capacidade de entrega e envolvimento – diz Camilla, lembrando que a estilista vinha de uma lógica de trabalhar 365 dias por ano, ao longo das últimas quatro décadas. – Ela e a família sempre viveram em função do negócio, aquela coisa de acordar e dormir trabalhando. Não são todas as pessoas no mercado que vivem 24 horas nesse pique, mas construímos uma sintonia muito boa. Minha agenda era a agenda da Martha.

Antes de ser estilista, a alagoana é vendedora e empresária com tino comercial apurado, na avaliação da profissional criada em outra escola, também de sucesso.

– Se Eliana Tranchesi foi minha grande professora do mercado de luxo, Martha me ensinou resiliência – compara Camilla. – Ela tem essa força motriz, o brilho no olho para fazer bem-feito. É sobrenatural. Com Martha, você tem que fazer e dar certo. Nunca convivi com ninguém tão obstinado.

Durante os últimos quatro anos de trabalho em parceria, Camilla assumiu a diretoria de novos negócios e marketing, em um envolvimento que foi crescendo para muito além de um número de horas de uma consultoria.

– Fui convidada para ser sócia mais de uma vez. Não aceitei. Era um desafio trabalhar numa empresa familiar e pequena, com poucos recursos – relata a ex-diretora. – Por outro lado, havia uma relação de muita troca e confiança com a Martha. Ela sempre foi muito verdadeira. De dizer "gostei, não gostei". E sempre me escutou muito.

— Essa é Camilla, 70% do meu cérebro! — costumava repetir Martha ao apresentar sua diretora de marketing em reuniões importantes. — Não tenho opinião própria, me convençam — era outra máxima que a estilista repetia.

De modo intuitivo, Martha, desde que era dona de butique e de uma pequena confecção, já trabalhava o conceito de *branding*, um conjunto de ações alinhadas a posicionamento, propósito e valores de sua futura marca.

— A criatividade está presente em qualquer coisa em que a Martha coloca a mão. Seja numa peça de roupa, no negócio, seja na forma de encarar a vida. Antes de ser estilista, ela tem essa capacidade de se reinventar — define Camilla. — É uma vendedora nata, carismática. Reverbera criatividade.

A estilista e sua diretora de marketing formaram uma dupla afinada no processo de internacionalização da marca, quando foi contratado Robert Forrest, consultor inglês que é referência no mercado de alto luxo.

— Foi uma experiência muito bacana, com um cara que conectou a marca Martha Medeiros com vendedores internacionais — explica Camilla.

Era montado um *showroom* com criações da brasileira em um hotel de luxo em Nova York, por exemplo, e cabia ao relações-públicas mais do que bem-relacionado levar até lá jornalistas e compradores de lojas importantes. Assim foram selados acordos com a Bergdorf Goodman e representantes dos Emirados Árabes. Uma estratégia que levou a um faturamento recorde em 2017, quando o negócio chegou a 20 milhões de reais em vendas.

— Estávamos com *showroom* em Nova York e vendíamos bastante nos Estados Unidos. No Brasil, tínhamos vinte multimarcas revendendo Martha Medeiros. Abrimos uma terceira loja em São Paulo, no Shopping Cidade Jardim, que se juntou à *flagship* e à loja menor, destinada ao ateliê de noivas, ambas na Melo Alves, além da unidade de Maceió e de uma *pop up* de verão em Trancoso — elenca Gelinho. — Atingimos um faturamento de 20 milhões de reais, pequeno para o mercado, mas bom para o nosso nicho.

O negócio familiar registrou um *boom* entre 2010 e 2014.

— A empresa cresceu 70% em um ano, e a média nesses quatro primeiros anos de profissionalização foi de 30% de crescimento — calcula Gelinho.

O número de funcionários passou de 3 para 100. Os negócios iam se expandido com base numa estratégia de promoção de eventos regionais, embalados pelo sucesso da marca entre ricas e famosas do eixo Rio–São Paulo.

– Foi assim que a marca Medeiros registrou um crescimento grande no atacado. Tudo que criávamos para a *flagship* paulistana reverberava nas multimarcas no restante do país. Vendíamos não só as coleções, mas também os eventos, desde o convite até o bufê – relata a diretora de marketing, sobre a conquista de mercado em cidades como Brasília, Cuiabá, Goiânia e São Luís.

Em 2017, a marca passou a contar com uma estrutura fabril de Primeiro Mundo, quando Gelinho Medeiros foi informado de que Tufi Duek iria vender sua fábrica, depois de passar o bastão dos negócios para um dos conglomerados de moda que se formavam no país. O estilista mudou-se para os Estados Unidos, após vender as marcas Tufi Duek, Forum Tufi Duek, Forum e Triton para o grupo AMC, dono da Colcci.

– Soubemos que o Tufi queria vender a fábrica que havia construído no bairro da Barra Funda, em São Paulo. Um espaço lindo, com a entrada inteira de mármore, enorme, com uma logística incrível – descreve Martha, que fez uma sondagem por telefone com Tufi.

Por coincidência, os dois estavam em Nova York. Agendaram um encontro em Manhattan para tratar do assunto pessoalmente.

– Tufi me disse que queria vender a fábrica para mim porque eu tinha um diferencial. Disse também que, naquele momento, não aconselharia ninguém no Brasil a abrir uma confecção – recorda-se a alagoana.

Dali a alguns dias eles se encontrariam novamente, em São Paulo.

– Era o sonho de fábrica de qualquer confecção na face da Terra. A antiga sala de Tufi era um absurdo de linda, com todos os móveis pretos, a maioria desenhada por ele. A fábrica tem uns 2 mil metros quadrados, dois refeitórios. Tudo ali foi pensado, como o estoque enorme dividido por áreas, as várias salas de reunião – descreve Martha, que pela primeira vez teria um escritório para chamar de seu, ocupando a sala que Tufi criara para a filha, Karina, também estilista. – Eu nunca tive uma mesa. E aí passei a ter uma sala e era linda!

Para conseguir fechar o negócio, Martha fez um acordo que permitiu quitar a dívida em um horizonte de quatro anos.

– Sempre amei ir para a fábrica. Adorava a nossa sala de bordados. Cada uma com a sua mesa, seu boneco. Olhava aquilo ali e não acreditava que era nosso. Foi um momento muito feliz da minha trajetória – afirma a estilista.

Até chegar às instalações modernas e funcionais da fábrica, a empresa passou por vários endereços à medida que crescia. Em 2015, a marca Martha Medeiros deu o passo mais ousado em sua trajetória: começava o planejamento para a abertura da primeira loja no exterior. Los Angeles foi a cidade escolhida para conquistar o mercado norte-americano.

Depois de um trabalho de sondagem do melhor ponto na cidade, o CEO e a estilista alugaram o disputado ponto na pequena e charmosa Melrose Place.

– Era um ponto maravilhoso – vibra Camilla ainda hoje, convocada durante a licença-maternidade para colocar o projeto Los Angeles de pé em tempo recorde. – Eu precisei voltar a trabalhar antes, pois o aluguel já estava sendo pago.

O projeto arquitetônico da nova loja ficou a cargo do badalado João Armentano. Camilla foi para os Estados Unidos acompanhar a obra, preparar o evento de lançamento e contratar uma agência de relações públicas para esse momento de chegada com loja própria no mercado norte-americano

– Cerca de trinta clientes especiais da loja pagaram por um pacote especial de uma semana em Los Angeles, que incluía a viagem e a experiência da inauguração – relata a diretora de marketing. – A estratégia de abertura da loja Martha Medeiros me fez colocar em prática o aprendizado de anos, resumido em um mês de trabalho. Foi um grande momento.

Se para Martha era a realização de um sonho inimaginável, para o CEO a inauguração da unidade também significou uma grande conquista.

– Foi um grande feito, levando-se em conta o calibre da nossa marca e o fato de dez anos antes a renda ser produto vendido em feira a preço de banana – diz Gelinho.

Uma empreitada de um Davi diante dos Golias internacionais, com investimento de 1 milhão de dólares, para abrir em grande estilo a operação com loja própria no exterior.

– Com 100% de capital nosso, investido em uma única loja, com um custo operacional alto e sem conhecer o mercado – pontua o administrador da empresa, a quem cabia a tarefa de fazer contas e controlar gastos.

Ao mesmo tempo, a Martha Medeiros da Melrose Place conquistava clientes como Beyoncé e Patricia Arquette, era uma das preferidas de Sofía Vergara para o tapete vermelho, ocupava páginas da *Vogue*, fazia desfiles na Bergdorf Goodman e vendia para trinta países via e-commerce.

– Quantas marcas conseguiram isso no mundo? – indaga Gélio.

Um sucesso de público que não se refletia em vendas suficientes para fazer a operação Los Angeles da Martha Medeiros ser lucrativa como esperado. A loja inaugurada com pompa e circunstância em 2016 seria fechada em 2019.

– Era uma estrutura muito cara para operar com apenas uma loja. Havia um custo alto para manter gerente e funcionários, além das viagens constantes e das assessorias, e um aluguel em uma rua nobre – justifica o gestor e sócio.

Custo, segundo o administrador de empresas Gelinho, que faria sentido se a marca fizesse parte de um conglomerado ou tivesse cacife para ampliar o número de lojas.

– Em muitos momentos, gastávamos mais do que a loja vendia – declara Gelinho, sem meias palavras, sobre o fato que levou à decisão de encerrar a operação e manter em Los Angeles apenas um ateliê, a um custo infinitamente menor.

– Foi um aprendizado e um processo muito difícil para Martha, que vinha de uma escalada de crescimento de dez anos, cujo ápice foi a inauguração da loja de Los Angeles – diz Gelinho, olhando em perspectiva.

Era inegável que o produto Martha Medeiros tinha aderência no mercado externo, conforme os acordos para vender na Selfridges, em Londres, mas a internacionalização era um passo para o qual empresarialmente ainda não estavam preparados, na avaliação fria do gestor do negócio.

– Na época, recebemos uma proposta de um fundo de investimento para comprar parte do negócio, mas a Martha não quis. Ela não se interessou em receber um aporte. Diz que se arrepende. Talvez a história tivesse sido diferente com a entrada de um sócio investidor – pontua o filho.

Chegar com loja própria a Los Angeles foi o lance mais ousado e caro no processo de internacionalização da marca brasileira, dentro de uma lógica própria e bem ao estilo Martha Medeiros de conquistar seus objetivos. É como narra a própria estilista, ao ser convidada pela Associação Brasileira de Estilistas (Abest) para um bate-papo com Roberto

Davidowicz, sócio-fundador da Uma, para falar de suas experiências de inserção de suas respectivas marcas no mercado internacional.

Logo no preâmbulo das falas no encontro, em fevereiro de 2020, a alagoana deixou claro para a plateia, formada por jovens estilistas e representantes de marcas nacionais, que o seu relato era pessoal e único.

– Participávamos de feiras lá até o dia em que resolvemos encarar a internacionalização como *business* e que isso precisava dar dinheiro no final do mês. Achava o máximo ir para o exterior vender. Na primeira vez em uma feira em Londres, ficava do lado de fora do estande olhando a fila para fazer pedido. Nunca entreguei nada. Era uma falta de profissionalismo absurda – admitiu Martha. – Uma outra vez, vendi todo o mostruário em libras e passei um mês viajando pela Europa. Vendi uma coleção inteira para a melhor loja de Saint-Tropez, mas eu tinha mais prazer em saber que eles queriam comprar do que no atendimento final. Isso não existe.

Até o filho mais velho assumir a direção da empresa, dando início a um processo de profissionalização da gestão e da estratégia de crescimento do negócio. Ele logo proibiu a participação em qualquer feira internacional. E disse, de forma bem clara, para a mãe:

– Para com essa palhaçada. No dia em que formos para o exterior, é para fazer um trabalho sério.

E assim foi feito. Foi quando os passos dos negócios no exterior passaram a ser planejados e culminaram com a abertura da loja própria em Los Angeles.

Antes de se estabelecer no exterior, Martha teve uma conversa com Márcio Utsch, o CEO da Alpargatas. Com a experiência de exportar as Havaianas, o produto brasileiro de maior sucesso no exterior, ele alertou a estilista de que a maior dificuldade do processo é entender o novo mercado.

– Você tem que adaptar seu produto para o novo mercado, senão não vai vender – alertou o executivo.

Isso eu tiro de letra, já estou estudando, pensou Martha, sem ter a exata noção do desafio que teria pela frente.

Enquanto Martha e a equipe procuravam entender o que o consumidor americano queria, o CEO da grife no Brasil fazia contas. Se a loja registrasse prejuízo em um mês, Gelinho decretava que no mês seguinte tinham que sair do vermelho. No balanço financeiro da operação entrava uma conta positiva: o aumento significativo de vendas no Brasil após a abertura do negócio nos Estados Unidos e sua grande repercussão midiática.

O principal legado da experiência norte-americana foi trazer para a operação brasileira o "pão com manteiga" que Haleh, a gerente americana da loja de Los Angeles, preconizava.

– Aquilo que aprendemos nos Estados Unidos, nós começamos a fazer no Brasil – explica Martha. – Em 2019, as vendas da nossa linha casual no país aumentaram 65%. É a que dá mais dinheiro. Trouxe um público novo e maior, que sempre aspirou à marca e não tinha condição de comprar o sob medida. O que fez a marca crescer nos últimos anos é o casual que aprendemos a fazer nos Estados Unidos. Ganhamos hoje um dinheiro que não ganhávamos antes, tanto lá fora quanto aqui. Precisamos ir para fora para aprender como trabalhar também no Brasil. Se não fosse Gelinho, com essa cabeça de *businessman* e todas as suas planilhas, não teríamos conseguido fechar essa operação Los Angeles com saldo positivo. A minha cabeça está em fazer a roupa. Fico muito feliz em vestir a cliente. Eu sou emoção pura, meu filho é *business*. O mercado americano nos ensinou o que faculdade nenhuma ia ensinar. A experiência foi muito gratificante.

– Martha é criadora, não é empresária. Se deixasse na mão dela, a empresa quebraria em um minuto. O dinheiro entra e sai com a mesma intensidade – diz o filho.

Como CEO, ele reduziu o número de costureiras de 65 para 25, passou a contratar mão de obra terceirizada, externa, cada vez mais na lógica do prêt-à-porter, de ganhar escala com uma segunda linha mais comercial, vendável e lucrativa.

– Temos que saber quando é hora de mudar. Precisamos ir com esse *glamour* e depois mudar para ficar com as pernas fortes – reconhece a fundadora e alma da marca.

Na avaliação de Gelinho, o passo largo rumo aos Estados Unidos não tirou a marca de sua rota de sucesso, calcado na cartilha Martha Medeiros, que saiu do dia a dia do negócio no final de 2019, mas deixou consolidado o DNA da marca e o legado da renda na moda contemporânea.

– Nossa forma de atender e os valores que Martha sempre prezou sustentam a empresa. Se mudar, acaba o negócio – diz Gelinho. – Temos hoje uma empresa com um produto único. Agora não mais calcado em vestidos de festa, mas em peças que cabem no bolso de muito mais gente.

Ainda assim é um negócio nichado, que sofreu os impactos da pandemia, como todo o mercado da moda, mas no segundo semestre de 2021 sinalizava uma toada de crescimento, com a abertura de uma nova loja em São Paulo, no Shopping Iguatemi, além de uma unidade no Hotel Tangará.

– Vislumbramos um bom futuro, de continuar crescendo como uma empresa sustentável, rentável, mais de nicho – entende Gelinho, que deixou o comando da empresa em dezembro de 2020.

Ele buscou no mercado uma executiva para CEO e diretora de operação da marca Martha Medeiros. Continua como presidente do conselho de administração da marca. Sócio majoritário, o primogênito de Martha Medeiros voltou ao mercado financeiro como sócio de uma securitizadora e fintech, apostando na tecnologia de avaliação de crédito para produtores rurais. Sua mulher, Gabriela Medeiros, permanece como diretora criativa e comercial da marca Martha Medeiros.

– Cerca de 80% das vendas da grife são de roupa pronta. No modelo antigo, era o contrário: o sob medida representava 70% do faturamento – calcula Gelinho, na condição de sócio que viu a empresa superar os desafios de 2018, o primeiro em que a marca deu prejuízo, após a aposta em Los Angeles. – Foi um ano bem difícil. A empresa parou de crescer.

Na dança das cadeiras, a estilista e fundadora da grife passou a se dedicar integralmente ao novo braço do negócio, a linha Casa Martha Medeiros, e também a novos projetos, como a escola de arte em São Miguel dos Milagres. O papel da fundadora hoje é ser uma embaixadora da marca, participando dos lançamentos e de eventos. Continua atendendo clientes VIP, que pagam pela sua assinatura em modelos exclusivos.

Para Carlos Ferreirinha, fundador da MCF Consultoria, especializada no mercado de luxo, a marca Martha Medeiros é maior que o negócio.

– O contrário seria pior e mais problemático – pontua o especialista. – Martha Medeiros sendo um nome maior do que a própria marca neste momento de expansão é muito importante. Ela vem à frente, deixando os símbolos e o DNA da marca, o que no médio prazo é o melhor dos códigos.

Ferreirinha lembra que os fundadores de grifes de renome, como Gucci, Tom Ford e Marc Jacobs, foram maiores que suas próprias marcas em algum momento.

– Isso vai sendo regulado ao longo do caminho – constata o consultor.

Uma situação, segundo ele, que pode até gerar algum descompasso, quando o mercado demanda capacidade financeira que a marca não tem.

– No entanto, o nome forte será sempre um cartão de visita importante – diz Ferreirinha, ao destacar que as principais oportunidades da grife Martha Medeiros, como fazer o enxoval do papa Francisco ou abrir uma loja em Los Angeles, estiveram associadas à figura da estilista e criadora, e não à própria marca em si.

– A maestria e o desafio da gestão é transformar tais oportunidades em um bom negócio – pontua o consultor, que avalia como extremamente positivo o debute da grife brasileira com uma loja própria nos Estados Unidos, mesmo que a operação internacional tenha durado apenas três anos. – É uma jornada de muita propriedade autoral. Martha não deixou passar a oportunidade de uma virada internacional quando Sofía Vergara, a estrela mais bem paga de Hollywood, bate à sua porta e passa a usar seus vestidos no tapete vermelho.

O fato de bancar a internacionalização de uma marca tão pequena é analisado sob uma lente de ousadia.

– Uma pessoa que é muito intensa como a Martha é meio camicase e está sujeita a altos e baixos, mas não tem certo ou errado nisso – analisa Ferreirinha. – O fato de ir para o mercado internacional pode ser analisado pelo desgaste da operação, no embate entre gestão *versus* criação, dilema em todas as marcas. Mas ter aberto uma loja em Los Angeles foi uma movimentação que reverberou no mercado doméstico e elevou exponencialmente o patamar de códigos da marca Martha Medeiros. Não é diferente da grande força da Havaianas, quando se internacionalizou. Martha ser celebrada internacionalmente tem validação na cultura nacional.

É um impacto também institucionalmente, na construção da marca, um código muito importante na trilha de se firmar entre os grandes criadores de moda, na avaliação do consultor.

– Se olharmos para trás, no século passado Chanel é uma marca que só acontece na Europa depois de se tornar muito forte nos Estados Unidos, que no pós-guerra surgia como potência econômica, em contraste com a escassez europeia – compara Ferreirinha.

Grandes nomes de Hollywood celebrando uma estilista brasileira que usa como matéria-prima a renda artesanal, um produto que não é mais achado lá fora, é outro ponto relevante nessa trajetória, que vai do sertão ao tapete vermelho. Do local ao global. Do simples ao sofisticado.

– Martha traz com ela algumas características como marca, que tem a coragem de desmistificar o traço do artesanal, da renda, do feito à mão, sempre tratado de forma simplista no Brasil, um produto estereotipado como algo popular e barato, vendido em feirinhas de artesanato – diz o especialista no mercado de luxo, ao exaltar o papel da estilista alagoana na moda. – O principal legado é ter dado um palco de celebração para a renda, além de transformar o ordinário em extraordinário, o simples em especial e o especial em experiência, que é uma das características mais singulares do luxo. Martha tem esse trabalho precursor, corajoso, ousado, de ter acreditado que podia se diferenciar por essa renda, esse nó, essa identidade, que é a flor do mandacaru. Ela tem uma característica que é comum a todas as marcas de luxo: é consistente no que ela é, na própria identidade. Mesmo sendo marca pequena, é de grande relevância; fala de brasilidade, de regionalidade e da cultura brasileira.

Essência que está nos produtos da linha casa, como uma porcelana ou uma taça com a estampa rendada de mandacaru, ou em um papel de parede com a assinatura Martha Medeiros. O espírito desbravador é outro traço destacado.

– Ela não tem medo de trabalho. Se precisar montar a barraquinha dela na feira, ela monta – elogia o consultor.

Em seu trabalho voltado para o mercado AAA, Ferreirinha admite que tem dificuldade em reconhecer marcas de luxo no setor de vestuário nacional.

– Temos espetaculares *cases* de luxo em segmentos como gastronomia, calçado, hotelaria, joalheria. Temos muito menos *cases* na área de vestuário. São poucas as marcas que alcançam patamares ímpares, pois a maioria faz concessões na qualidade. É uma jornada longa e que demanda muito capital.

Ainda mais em um setor como o têxtil, um dos mais afetados economicamente nas últimas décadas.

– Os criadores de moda no Brasil têm passado por muita dificuldade. Quase todos eles frágeis, inexistentes como negócio. São poucos que se elevam à classificação de alto luxo, por falta de posicionamento, autenticidade, originalidade – avalia Ferreirinha. – Já Martha Medeiros, como marca, tem proximidade com o luxo muito apropriada. Poucas marcas brasileiras atingiram esse patamar.

Ferreirinha frisa que o *lifestyle* do luxo é francês e italiano, enquanto os maiores consumidores são americanos, japoneses e chineses, que cultuam marcas europeias.

– É um feito a marca Martha Medeiros ter se tornado uma escolha, entrar em um páreo no qual correm com ampla vantagem grifes icônicas e bilionárias. E custar tanto quanto o sob medida de marcas de primeira linha – avalia o consultor. – É uma marca brasileira que se colocou como alternativa por ter matéria-prima de excelência e acabamento nivelado a qualquer produto internacional.

E, assim como todas as marcas de prestígio, a Martha Medeiros conta com o papel do criador, de passar a convicção, a eloquência e a segurança quanto à qualidade e à originalidade, que justificam seu preço.

– O criador tem essa capacidade de persuasão e envolvimento e de gerar confiança. Martha é muito forte no convencimento do que ela está entregando. É encantadora e segura o cliente. Se conversar com ela, não tem alternativa a não ser comprar. É surreal.

Quando olha em retrospecto o plano de negócios desenhado na faculdade, o agora ex-CEO da Martha Medeiros pode se orgulhar de ter visto nascer uma marca de luxo 100% nacional e de ter sido parte do processo de criação dele.

– Eu me espelhava muito na escola do Hans Stern e de seu Roberto, que fizeram um trabalho espetacular para criar o *case* de sucesso da H. Stern – afirma Gelinho sobre a joalheria brasileira, dedicada ao desenho e à confecção de suas próprias joias, contando com 280 lojas espalhadas por 30 países, das quais 88 no Brasil, com faturamento estimado de 400 milhões de reais e 3.000 funcionários, entre artesãos, joalheiros e gemólogos. – Nossa ambição na Martha Medeiros é ser a H. Stern da roupa, do setor de vestuário.

Não à toa, as criações de renda by Martha Medeiros são vistas como joias pela empresária Anna Claudia Rocha, sócia da Ana Rocha & Appolinario, joalheria brasileira conhecida pelas criações feitas à mão com gemas naturais.

Em 2001, as designers Anna Claudia Rocha e Ana Paula Appolinario, graduadas em Gemologia, montaram um ateliê sofisticado para produzir joias que carregassem histórias e fossem passadas de geração a geração.

– Sou admiradora do que o Brasil tem no solo e por isso as pedras brasileiras estão na raiz do meu trabalho e do meu negócio – afirma Anna Claudia, adepta de uma brasilidade que reconheceu de imediato nas peças criadas por Martha.

A designer viu uma amiga usando uma roupa de renda em um evento em 2007, em Brasília, e quis saber onde comprara.

– Vi aquela roupa feita de renda do Nordeste e fiquei encantada. Fiquei sabendo que era de uma estilista de Alagoas. Procurei o nome na etiqueta, pesquisei na internet e liguei para encomendar uma túnica branca para mim e uma marfim para minha sócia – relata Anna Cláudia. – Eram peças muito bonitas. Usamos as túnicas de renda renascença em um evento em São Paulo, e todo mundo dizia: "Que roupa mais linda!". Encomendei novas peças para amigas e para minhas duas irmãs.

– Foi assim que uma das mulheres mais elegantes e sofisticadas do Brasil, assediada por todas as grifes internacionais e *habituée* dos desfiles de alta-costura, tornou-se cliente importantíssima para a trajetória da marca – diz Martha. – Depois de me localizar no Nordeste, ela me deu a maior força para abrir uma loja em São Paulo e colocou uma marca desconhecida nas altas rodas da sociedade paulistana.

Quando a alagoana anunciou a abertura do ateliê nos Jardins, Anna Claudia acolheu a ideia com entusiasmo.

– Vou ser a primeira a chegar. Amo seu trabalho – encorajou a cliente.

Elas só se conheceriam pessoalmente na inauguração da loja da Melo Alves. De lá para cá, a cliente fiel tem desfilado por festas badaladas com modelitos Martha Medeiros, entre eles um longo *tie dye*, que usou em uma noite de gala beneficente da amfAR no Brasil, para arrecadar recursos para o combate à aids. O encantamento pelo sofisticado trabalho em renda da alagoana rendeu parcerias entre a grife de roupa e a de joias artesanais. Anna Claudia convidou Martha para fazer um catálogo estrelado pela modelo Barbara Fialho, com *stylist* assinado por Raphael Mendonça.

– O resultado foi um espetáculo – afirma a designer, que também cedia peças de alta joalheria para eventos da estilista. – Antes, só via o trabalho de renda, que admirava, em toalhas de mesa. Não era feito com os melhores materiais, com linha de qualidade. Era lindo como trabalho manual, mas não tinha design elaborado. Trazer a renda para o mercado de alto luxo é um mérito e tanto da Martha Medeiros.

Já consagrada na alta-costura, a alagoana foi convidada para assinar uma coleção popular na Riachuelo, rede de fast-fashion do empresário Flávio Rocha, marido de Anna Claudia. A convite do empresário, as dez peças com detalhes de renda by Martha Medeiros foram sucesso de vendas no Dia das Mães.

– Com estilo próprio e talento, ela é inovadora e nos enche de orgulho com essa trajetória, que levou para os salões e passarelas a renda brasileira, que até então não era valorizada – conclui Anna Claudia. – É um trabalho maravilhoso, único, uma obra de arte feita por uma estilista que incentivou a arte de fazer renda para construir uma marca brasileira com qualidade, sofisticação, bons materiais e design.

Uma história já escrita que sedimenta o caminho para uma nova encarnação de Martha Medeiros, longe do dia a dia das lojas, como embaixadora da marca que construiu com resiliência e criatividade. Em 15 de agosto de 2021, a estilista rememorava com tranquilidade a data em que definiu que era hora de passar o bastão e profissionalizar a gestão dos negócios.

– Hoje faz exatamente dois anos que assinei os papéis da minha saída do dia a dia na empresa – relata Martha, sobre o acordo firmado em 2019 que tornava o primogênito o sócio majoritário da empresa familiar e começou a definir o novo papel da fundadora nos negócios. – Eu já estava me preparando, mas a partir do dia 16 de agosto de 2019 eu não estava mais na operação diária das lojas e da fábrica.

Durante esses dois anos, a maior preocupação da fundadora, enquanto nome e alma do negócio, era saber como a empresa iria sobreviver e preservar o DNA forte que leva a assinatura Martha Medeiros. A resposta para as inquietações foi dadas com a abertura de uma nova loja no Shopping Iguatemi, em São Paulo, em agosto de 2021, e o lançamento da Coleção Flor de Mandacaru, símbolo da marca, assinada pela nora Gabriela Medeiros.

– Em uma semana tivemos esses dois grandes momentos. Optei por não ir ao lançamento porque as coisas já andam sem a minha presença. Estava tudo perfeito. Gabriela tem extremo bom gosto, inovou respeitando o DNA da marca – afirma Martha, que compareceu à abertura da nova loja em um dos pontos mais icônicos de São Paulo. – Passei duas horas na inauguração. A sensação que tive ao sair me inundou de paz: de página virada, de missão cumprida. Foi muito bom ouvir do meu filho: "O que você construiu é muito forte". Vi aquela loja linda, com novas clientes comprando. Muitas que eu não conhecia. Vi uma loja com o meu DNA, mas também com frescor. Tive a certeza de que Gelinho e Gabriela têm plenas condições de levar o negócio adiante. Levar a lugares aonde eu não conseguiria chegar. Foi incrível sentir isso e perceber que minha vida é feita de ciclos. Um capítulo que se fecha com a certeza de que a marca e o meu legado vão continuar.

Uma herança que vai além do nome da coleção, que homenageia a flor de mandacaru, símbolo da marca.

– Percebi um universo muito maior. A nova coleção foi fotografada na cadeira flor de mandacaru, que é o símbolo da marca. Tem as rendas, mas os *shapes* cada vez mais jovens. O DNA continua o mesmo, enxergo em cada peça. E ainda mais vivo, muito bem elaborado – avalia a fundadora. – Mas a marca está mais *fresh*, mais jovem, até pelo fato de Gelinho e Gabi terem conquistado novas fatias de clientes, da faixa etária deles. Jovens do mercado financeiro que têm uma condição de vida boa, um novo público, que prestigiou a inauguração da loja.

Até chegar a certezas, era preciso entender o novo papel.

– Não é fácil. Nesse processo, era preciso quebrar atitudes de uma vida inteira – afirma a estilista. – A marca é resultado da dedicação de uma vida. Não sei como mantive meu casamento e minha saúde, criei dois filhos de sucesso. Eu só trabalhava, nunca me coloquei em primeiro plano.

Angústias que foram sendo respondidas com a ajuda de um time de grandes nomes que compõem o conselho de administração da empresa Martha Medeiros, entre eles Luiza Helena Trajano, do Magazine Luiza; Olga Colpo, conselheira do programa Winning Women da EY e de diversas entidades; o publicitário Cláudio Xavier, que morreu vítima de covid-19 em janeiro de 2021; e a empresária Sonia Hess, ex-Dudalina, um dos *cases* empresariais de maior sucesso no Brasil.

– Muita gente contribuiu para a minha transição à frente do negócio, mas principalmente nossos conselheiros – afirma Martha. – Sonia Hess usou o exemplo pessoal dela e a experiência da transição dentro da Dudalina. Ela sabia que não era fácil e que é preciso estar preparada para enxergar que a empresa tem um novo modo de seguir. É entender que você contribuiu de uma maneira e pode continuar contribuindo de outra forma. Mas, se quer tornar a marca e o negócio perenes, é preciso reconhecer que há uma nova maneira de seguir.

A profissionalização da empresa sempre foi o grande sonho de Gelinho, diz Martha. Como administrador, o filho mais velho queria construir um negócio que andasse sozinho.

– O desejo dele era fazer com que a empresa que eu fundei andasse sem que eu estivesse necessariamente dentro dela. Meu filho queria também que eu estivesse viva e com saúde para ver a empresa crescendo nessa nova etapa. Esse foi o meu grande medo, mas que já não sinto mais – diz a estilista.

– Martha aceitou a saída de coração. Como em tudo, ela é muito verdadeira. Sofreu, mas saiu do dia a dia do negócio mais fortalecida e olhando para a frente – diz Luiza Trajano.

– Estou de peito aberto, tendo a certeza de que muita coisa boa vem por aí, e extremamente agradecida ao meu filho, por me fazer enxergar o que eu não conseguia ver no meio do processo – completa Martha, agora embaixadora da própria marca e assinando peças para as clientes que frequentam o ateliê das criações sob medida.

– Sempre vou atender as clientes que desejem fazer uma peça exclusiva. É algo que amo fazer e continuo fazendo – explica a estilista. – Também amo fazer o desenho da renda, algo que me faz continuar próxima das rendeiras. Meu papel hoje é o de levar nosso DNA a um universo maior. Eu só tenho essa possibilidade porque o negócio caminha sozinho e eu tenho tempo e cabeça para me dedicar a novos projetos.

Entre as novidades, Martha lista com entusiasmo, em setembro de 2021, acordos recém-fechados. Entre eles, a produção de bonecas de pano, com um fabricante chinês; uma linha de móveis e lustres para a Artefacto, a líder do segmento de luxo no Brasil; e uma coleção Casa Martha Medeiros com utensílios de mesa e presentes para o Magazine Luiza.

– Eu quero levar o que é privilégio de poucos para ser consumido por muitos. Esse é o maior sentido desses novos acordos comerciais – pontua Martha. – São muitas as possibilidades de levar nosso DNA aonde nunca pensei. Vou continuar criando e buscando novos horizontes para a renda.

Para a empresária alagoana, é como ter uma nova vida dentro da mesma vida:

– Era algo que eu queria com a alma, mas nem sabia – emociona-se.

A estilista virou uma página importante e cheia de realizações de sua história, que se confunde com o renascimento da renda na moda e a construção de uma marca de luxo 100% brasileira.

Capítulo 12

O SERTÃO VIROU MAR

O sertão de Martha Medeiros virou mar: a Praia do Marceneiro, em São Miguel dos Milagres, um dos destinos mais exclusivos e preservados dos 120 quilômetros da Costa dos Corais. Foi em um cenário paradisíaco, entre o litoral norte de Alagoas e o litoral sul de Pernambuco, que a estilista e empresária ancorou o futuro. Desde janeiro de 2020, Milagres abriga a Casa Martha Medeiros, residência de veraneio e também ateliê de arte, espaço de evento, centro cultural e gastronômico, além de *showroom* do artesanato brasileiro.

A pouco mais de uma hora do aeroporto de Maceió, chega-se a uma faixa de longas praias sombreadas por coqueiros e protegidas por arrecifes que formam piscinas naturais. Um cartão-postal que emoldura o terreno de 3 mil metros quadrados de frente para o mar de um esverdeado cristalino, que foi ganhando espaços integrados ao ambiente natural, com sofisticação e simplicidade na medida certa. Descortina-se ali um novo ciclo profissional e pessoal da alagoana que ganhou fama internacional por suas criações de renda. Ao se desligar do dia a dia da empresa de moda, que tem como carro-chefe a grife que leva o seu nome, Martha passou a explorar novos talentos, negócios e a perspectiva de aproveitar melhor a vida.

– Eu sempre quis construir uma casa na praia, numa estrutura suspensa a mais de dois metros do chão. Por quê? Para olhar o mar do alto e ter a sensação de estar num navio – diz ela.

O sonho se materializou no gazebo que funciona como uma grande sala de estar, em uma estrutura toda aberta e com cobertura de palha, totalmente integrada ao entorno. Dali se vislumbram a piscina de borda infinita, a faixa de areia branca e as águas mornas que convidam para banhos de mar ao lado de peixinhos coloridos vistos a olho nu.

Alguns elementos da decoração saltam aos olhos, como o lustre gigante com elementos do mar, madrepérolas e cristais, que leva a assinatura da dona da casa. Uma cadeira chama atenção pela imponência e ganhou o nome de Flor de Mandacaru, símbolo da marca Martha Medeiros. Trata-se de um sonho da estilista, que envereda pelo design de interiores em parceria com o designer Sergio Matos. A dupla se inspirou na flor que nasce do cacto muito comum no sertão nordestino. As pétalas formam o espaldar da cadeira majestosa, revestida com cordas náuticas, que ganhou ares de trono.

– A nossa casa é a personificação do *lifestyle* da marca Martha Medeiros – resume a estilista.

São elementos da decoração que sinalizam para a nova empreitada de Martha para elevar a renda e o artesanato ao *status* de arte. A Casa Martha Medeiros em Milagres é muito mais do que um refúgio para uma velhice confortável à beira-mar. É o cartão de visita de uma escola de arte para a valorização dos artesãos nordestinos.

– Acredito que somos do tamanho daquilo que compartilhamos. A Escola de Arte é para ser uma grande ponte – diz a estilista sobre o conceito por detrás da casa dos seus sonhos. – É um lugar que chamo de spa da alma, construído em um dos destinos bacanérrimos do Brasil. É onde quero envelhecer, receber os amigos e artistas, fazer eventos, como casamentos e desfiles, e alugar para férias. De Milagres crio a linha Casa Martha Medeiros. Tudo isso é uma forma de levar nosso DNA para o dia a dia, criando um *lifestyle* à beira-mar.

É mais uma perna do Projeto Martha Medeiros Experience, quando a estilista embarca com clientes para viagens e desfiles em hotéis icônicos ao redor do mundo.

– Vamos fazer em Milagres o mesmo que já fizemos em Los Angeles, Marrakesh e na África – explica Martha. – É quando eu reúno um grupo de amigos e clientes da marca para uma experiência, organizada com uma riqueza enorme de detalhes em parceria com Leonor Bernhoeft, que tem uma agência de viagens de luxo.

A dupla levou 45 pessoas para o La Mamounia, que passou por uma reforma milionária para resgatar o *glamour* que fez dele o hotel preferido de estrelas de cinema e do ex-primeiro-ministro britânico Winston Churchill. A ideia é fazer da Casa Martha Medeiros um santuário de experiências que começam a ser compartilhadas com convidados especiais. O espaço abriu suas portas para os arquitetos João Armentano, David Bastos e Angelo Derenze, que curtiram dias de sol e mar em Milagres.

– São todos grandes arquitetos que na minha casa tiveram a oportunidade de conhecer mestres artesãos como Sil de Capela e João das Alagoas, ex-cortadores de cana que fazem um trabalho artesanal divino. Quantos artistas verdadeiros temos cortando cana no Brasil? – indaga Martha.

A anfitriã recebe seus hóspedes nos cinco apartamentos construídos em uma faixa lateral do terreno. São decorados com produtos da linha Casa Martha Medeiros, que nasceu com o enxoval da visita do papa Francisco ao Brasil e foi ampliada com itens que misturam detalhes de renda e elementos náuticos.

Produtos exclusivos estão expostos na loja discreta, na entrada da casa, que só abre para convidados. A estilista desenvolveu uma linha de kaftans, biquínis e maiôs, saídas de praia e vestidos leves, todos inspirados na paisagem de Milagres.

– Quero que as pessoas levem para casa a energia e a beleza deste lugar. Temos estampas com os corais, já que aqui estamos de frente para a segunda maior barreira do mundo, e também os currais de peixe típicos da região, em roupas extremamente confortáveis – descreve Martha. – Foi desenvolvida, ainda, uma linha de peças exclusivas para casa, com requintes como conchas e corais adornando porta-guardanapos. A renda aparece em *sousplats* de cerâmica e em jogos americanos. O nível de customização chegou ao ponto de ser desenvolvido na França um aroma Casa Martha Medeiros, que remete aos coqueirais e à brisa do mar.

A experiência continua com a possibilidade de apreciar obras de arte por todos os espaços e no jardim à beira-mar.

– As obras são desenvolvidas a partir de uma curadoria que faço com grandes artistas do sertão, que são mestres artesãos, muitos deles ainda desconhecidos – ressalta Martha.

Um exemplo é uma instalação que ocupa uma das laterais do jardim que nasceu como um biombo com figuras de rendeiras, retirantes e mandacarus entalhadas em madeira, com canivete, pelas mãos de Marcos de Sertânia. Virou um painel, destacado por iluminação própria. O artista vive no município do agreste pernambucano que lhe empresta o nome e onde preserva uma tradição artesanal, passada de geração a geração na família de escultores. As peças de artesanato são selecionadas pela estilista alagoana em suas andanças pelo Nordeste. O objetivo é agregar valor e gerar renda por meio de e-commerce ou em uma rede de pontos de venda pelo Brasil.

– As pessoas só precisam de oportunidade. Sil de Capela e João das Alagoas fazem um trabalho autoral com o barro, a única matéria-prima de que dispõem. São pessoas simples, que viviam em uma usina de açúcar cortando cana. Produzem o que eu chamo de verdadeira arte, que só precisa chegar às pessoas certas para ser consumida – avalia Martha, a curadora, com o olhar treinado por décadas de visitas a feiras e povoados onde se escondem rendeiras e artesãos excelentes.

Entre eles está o celebrado Espedito Seleiro, que tem como sobrenome o ofício que aprendeu com o pai, ao confeccionar selas, gibões e outros equipamentos usados por vaqueiros, tropeiros e cangaceiros. Quando o pai morreu, o mais velho de dez filhos passou a sustentar a família fazendo selas. O cearense se deu conta de que deveria ensinar o ofício aos irmãos, depois aos filhos e netos, repassando o conhecimento que vinha sendo transmitido desde seu tataravô. Anos depois, fundou a Oficina Escola Espedito Seleiro e ganhou o título de mestre da cultura, conferido pelo Governo do Estado do Ceará e pelo Ministério da Cultura.

O filho de vaqueiro vive em Nova Olinda (CE), onde recebeu a visita de Martha Medeiros em várias ocasiões. No primeiro encontro, a estilista levou três dias para quebrar o gelo e se conectar com o artesão desconfiado.

– Saí de Maceió com duas malas repletas de renda para tentar fazer a junção do meu trabalho com o do mestre Espedito – conta Martha.

Enquanto aguardava o horário de ser atendida, assistiu à apresentação de uma estilista superprofissional que tinha o intuito de fazer uma coleção em parceria com o mestre.

– Ele passou uns vinte minutos se limitando a dizer "Uhun!", enquanto a mulher, empolgadíssima, apresentava um estudo detalhado da coleção a ser feita. Ao final, o mestre olhou para a visitante e disse: "Ô minha fia, já que você sabe tudo, sente ali na máquina e faça. Porque eu mesmo não vou fazer".

Martha, imediatamente, pediu a Gélio que sumisse com as duas malas. Mudou de estratégia, enquanto o marido ia ganhando a confiança e a simpatia do mestre com seu interesse genuíno pelo trabalho em couro.

– Quero o alforje mais antigo que o senhor tem aqui – pediu Gélio, interessado em saber sobre a técnica de tingimento do couro sem tintas nem pigmentos industrializados.

O mestre artesão já havia sido bajulado por grifes internacionais pela excelência de seus produtos. Uma cadeira do mestre Espedito Seleiro pode custar tanto quanto peças de designers famosos, como a anunciada no site Casa Martha Medeiros: uma peça de madeira revestida de couro branco e com costuras pretas, para compor um ambiente com refinamento e autenticidade. A exemplo da coleção que o mestre criou em parceria com os irmãos Campana, comercializada em galerias de arte.

– Você consegue enxergar no trabalho de Seleiro amor e arte, e é por isso que sou apaixonada pela obra e pelo artista – afirma Martha.

No dia seguinte àquele primeiro encontro, ela voltou ao ateliê e passou horas conversando, mas sem coragem de dizer que estava ali para propor uma parceria. No terceiro e último dia da estada em Nova Olinda, passou para se despedir do mestre, que encontrou sentado à porta do ateliê.

– Ô minha filha, se minha mulher estivesse boa de saúde, você ia comer a melhor tapioca do mundo com cafezinho que só ela sabe fazer – disse-lhe ele, acrescentando que a sua companheira estava havia catorze anos em cima de uma cama. – Ela era que nem você: alegre e fazia umas coisas lindas.

Foi a deixa para Martha descobrir que a mulher de Seleiro era uma exímia rendeira, e para trazer as malas escondidas no carro.

– Quando mostrei o trabalho das nossas rendeiras, ele ficou encantado e começou a falar de como juntava o trabalho de couro dele com o da renda feito pela mulher – relata Martha, que queria justamente propor o mesmo.

E saiu de lá com uma parceria firmada, em 2016.

É a mesma qualidade autoral e brasilidade que a estilista vislumbrou em Jason, um escultor de Belo Monte, no sertão alagoano, que também tem peças decorando espaços da Casa Martha Medeiros.

– Desenvolvi duas cadeiras em parceria com seu Jason. Uma é um trono para uma sereia, e a outra, uma homenagem ao homem sertanejo – explica Martha, sobre as duas peças que enfeitam a entrada da casa. – É apaixonante ver que ele, mesmo com tão pouca instrução, conta a história dos bichos, tema do nosso trabalho conjunto.

O artesão nem fazia ideia de quem era Martha Medeiros quando recebeu a primeira encomenda. Ao comentar que ia fazer as cadeiras para a nova cliente, foi informado de que se tratava da estilista famosa pelos vestidos de renda para noivas.

– A pessoa disse para ele que eu era muito chique. Então, seu Jason resolveu enfeitar todos os animais que entalhou na cadeira com bonés, botas, como se estivessem prontos para uma festa. "Se ela é chique, os bichos também têm de ser" – relata Martha, comovida com um episódio que mostra a sensibilidade e a inventividade do artista.

Fazer o *match* entre o artesão e o público que consome arte e produtos diferenciados é uma das funções da Casa Martha Medeiros.

– O luxo e a arte são autoexplicativos. Só precisam chegar a quem os aprecia – diz a estilista. – João Armentano compra algumas peças para sua casa depois de ver o trabalho de Sil de Capela. E isso tem o efeito de conectar essa produção artesanal nordestina a novos círculos, quando as pessoas que visitam a residência de um arquiteto tão renomado encontram lá uma peça de uma artesã desconhecida. É isso que nossa Escola de Arte quer fazer.

A Casa Martha Medeiros conta com uma estrutura de hotelaria e spa que pode ser usufruída por convidados e também por clientes em busca de descanso em um dos destinos mais badalados da costa nordestina. Foi ali que a empresária Luiza Helena Trajano passou o Réveillon de 2020.

– É um lugar maravilhoso, para onde Martha levou a paixão dela pela arte e o trabalho de valorização dos artesãos. Ela continua desbravando outros sertões e trazendo a renda a tudo que faz, inclusive numa linha de casa muito bonita. Tudo dela é inovador – avalia a fundadora do Magazine Luiza, amiga e membro do conselho da grife Martha Medeiros.

Foi também na Casa Martha Medeiros que Bruna Marquezine e o empreendedor social Enzo Celulari foram flagrados juntos pela primeira vez, em um namoro que durou alguns meses. A atriz viajou para Milagres para fazer um ensaio para uma grife de sapatos, sob a direção artística de Giovanni Bianco. O diretor, que já trabalhou com Madonna e Beyoncé, escolheu a Praia do Marceneiro como cenário da campanha. "Eu vi a Brizza saindo do mar e naveguei os olhos nela", escreveu Marquezine em um *post* para seus 40 milhões de seguidores no Instagram. Ela aparece numa foto sensual em um dos arrecifes de Milagres, simulando uma jangada ao vento.

A trupe se instalou na Casa Martha Medeiros e usufruiu dos mimos, com um *chef* para preparar delícias da culinária local. O casal famoso alongou a estada por mais uns dias, para uma lua de mel flagrada por *paparazzi*.

– Não quero mais ir embora – declarou a atriz em um vídeo sobre a Casa Martha Medeiros.

"Um coqueiral nativo, uma casa de sonhos exclusivamente para sua família e amigos, um mar de águas quentes, arte brasileira para todos os lados, alta gastronomia e dias para você lembrar para o resto da vida", diz o texto postado nas redes sociais da estilista, convidando os internautas a viverem uma experiência em Milagres, na casa que leva seu nome e expressa um estilo de vida e um DNA que está tanto nos vestidos de festa quanto em objetos de renda.

Em paralelo à badalação em torno da casa, também visitada por Luciana Gimenez e o filho Lucas Jagger, ganha forma e escopo a Escola de Arte, com um braço também de profissionalização, ao oferecer cursos para formação de mão de obra qualificada na região.

– Quero conectar pessoas. Vamos atrair profissionais que queiram conhecer nossa escola e convidá-los para oferecer cursos de *barman*, capoeira, história da arte. Não só a arte que vai para museus e galerias, mas também aquela de forrar uma cama. Começamos a capacitar a população local na arte de preparar um drinque com maestria. – explica Martha. – São cursos profissionalizantes abertos a todos. O objetivo não é só ensinar, mas incutir a mentalidade de que é preciso chegar ao nível de excelência em tudo que fazemos.

Uma lógica empregada no primeiro curso realizado para doze camareiras. Martha convidou as melhores profissionais do mercado para ensinar as técnicas. Dez alunas já saíram empregadas. Os três primeiros cursos foram ministrados em uma sede provisória, até que ficasse pronto o galpão-escola, que seria inaugurado em 15 de novembro de 2022.

– É o meu presente de aniversário de 60 anos – planeja a estilista. – Está tudo organizado na minha cabeça, para um misto de oficina de arte e pavilhão de exposição, em uma área próximo à Casa Martha Medeiros, também em Milagres.

Com o conceito ganhando forma em Milagres, Martha também foi buscar inspiração em outras latitudes. Em meio à pandemia, ela viajou até o México, destino aberto aos brasileiros para quarentena antes de chegar aos Estados Unidos. A brasileira se hospedou no Azulik, eco resort inaugurado em 2018 em Tulum, balneário sofisticado da Riviera Maya. Uma oportunidade de mergulhar na obra e no conceito desenhado pelo arquiteto Eduardo Neiva, conhecido como Roth.

– Não bastava ficar hospedada no hotel. Eu quis entender o que se passava na cabeça de alguém que criou tudo aquilo – diz a brasileira, que foi então visitar um complexo na selva da península de Yucatán, onde o arquiteto vive.

– Uh May é indescritível – maravilha-se a estilista brasileira. – É tudo feito com materiais da natureza, trabalhados por oitenta artesãos locais e criado por Roth no meio de uma comunidade maia. Ali se entra em contato com a cultura e os rituais que refletem a identidade única e a história daquele povo.

O arquiteto construiu também uma escola de arte e um museu. Está fazendo um alojamento para receber artesãos de todas as Américas, principalmente da América Latina, e agrega valor àquele artesanato.

– Eu me emocionei ao ver naquele dia um grupo de artesãos muito simples chegando a Uh May vindos da Guatemala para mostrar seus produtos para o arquiteto, carregados de esperança de que assim iriam agregar valor aos seus trabalhos e atingir novos mercados consumidores – recorda-se Martha. – Voltei muito mais inspirada para ir atrás do que realmente quero, que é fazer a nossa escola em Milagres com a missão de elevar o artesanato ao nível de arte.

É um relato com entusiasmo e brilho nos olhos de quem está mergulhando em uma nova e produtiva fase da vida. Na viagem de dois meses pelo México e pelos Estados Unidos, a alagoana visitou muitos ateliês e galerias, para entender a diferença entre artesanato e arte.

– A principal coisa é ser autoral – constatou. – Se não for autoral, vai ser um artesão, não um artista. Isso são coisas que se somam, mas para ser autoral tem que buscar isso dentro de si mesmo. Questionar-se. Pablo Picasso já falava: "O artista medíocre copia; o grande artista rouba, apodera-se". É verdade. Eu me apoderei da renda brasileira. Ao mesmo tempo que não sou só eu, mas um movimento que levou nós todos, como brasileiros, a nos apoderarmos dessa matéria-prima do sertão. Quero transpor isso que fizemos na moda para as galerias de arte. – Um novo caminho que reforça a convicção de Martha de que a renda artesanal caminha para ser peça de museu.

– Daqui a vinte anos não vai existir mais a roupa de renda feita à mão. Por mais que a gente se esforce e treine novas rendeiras, é uma tradição que está se perdendo de geração a geração. Haverá outras opções. A tecnologia está chegando – vislumbra a estilista. – A gente se esforçou muito, quero estar cada vez mais perto do nosso trabalho com as rendeiras, nosso projeto social, mas eu sei que daqui a algum tempo, e não muito longe, o que elas fazem vai estar em museus, escolas de arte, em quadros. Não vai estar na roupa. Na Europa não existe mais renda manual em canto nenhum. Cheguei ao mercado com uma matéria-prima que não existia mais na moda. Na França, a renda é mecanizada há muitos anos, feita em teares antigos. E na China é toda industrializada. Por isso, o nosso trabalho feito à mão é reconhecido como arte.

Identidade que está nos pilares da Casa Martha Medeiros. Além de inclusiva, é uma proposta que agrega sustentabilidade. Reciclar é uma das palavras de ordem. Reaproveitamento de materiais que está em criações como um porta-joias de couro de cabra e renda. Ou numa cadeira de balanço que a mãe ganhou de presente quando estava grávida da estilista. Passados 58 anos, a peça renasceu, recoberta com a ajuda de artesãos do sertão, conta ela:

– A reciclagem está muito presente na Casa Martha Medeiros. Peguei uma cadeira Egg, que estava na nossa família havia quinze anos, já toda estourada e escondida no depósito. Mandei cobri-la de tecido cru de renda e rebordei com pérolas, como um vestido de alta-costura.

A mania de reaproveitamento vem de longe. Em andanças pelos Estados Unidos e pela Europa, Martha sempre volta com a mala cheia de bugigangas ou até mesmo com contêineres do que poderia ser descrito por outros como quinquilharias.

– Em uma viagem à Áustria, fui a uma loja Swarovski e pedi ao vendedor, um senhor que trabalhava lá havia mais de trinta anos, que me mostrasse uma peça que nunca fora vendida. Ele me disse que ia tudo para um depósito em outra cidade, cheio de encalhes – relata Martha, que se dirigiu para a cidadezinha nos arredores da capital austríaca para ver o que poderia garimpar na fábrica de cristais. – Eu queria o refugo do refugo. Achamos sacos e sacos de uma peça de cristal e pérola, que até tentaram reaproveitar.

Colocaram no forno, a pérola derreteu e deixaram pra lá. Nós importamos um contêiner inteiro com esse tipo de coisa. Verdadeiras relíquias.

Da mistura dessas peças com renda, conchas e coquinhos nasceu a coleção Tesouros do Fundo do Mar, uma das primeiras assinadas para a linha *home* na vibração de Milagres. As cortinas de renda, as cabeceiras das camas e até os espelhos dos banheiros bebem nessas referências variadas que a estilista traz do trabalho na moda ou de andanças pelo sertão e pelo mundo. Um estilo de vida e um modelo de negócio que se viabilizam por um e-commerce e em pontos de venda.

– Isso é o comercial, o que preciso para pagar as contas. Mas a pergunta que vem antes de qualquer coisa que eu faça hoje na vida é: isso vai me dar prazer? – diz Martha. – E hoje, quando eu e Gélio estamos ali, vendo o mar de cima, na nossa casa na Praia do Marceneiro, como se fosse um navio, eu tenho certeza de que, nesta vida, não se pode abrir mão do que a gente acredita. A ideia principal é eu fazer tudo aquilo que sempre quis fazer e nunca tive oportunidade – explica a estilista. – Faltava desenhar uma cadeira, fazer a almofada dos meus sonhos ou uma cabeceira de cama com 4.500 conchinhas diferentes. Coisa que tinha medo de fazer até quebrar o temor.

Martha está se descobrindo designer, artista plástica.

– Eu quero mexer com as mãos. É o meu Lexotan. Quero que esta casa seja um misto de paz com arte. É uma sensação de que não preciso mais provar nada. Quando a gente descobre isso, só precisa viver e ouvir a voz do coração – diz Martha. Na sequência, solta uma daquelas suas tiradas desconcertantes: – Estou igual a cavalo no desfile do 7 de Setembro: cagando, andando e sendo aplaudida.

A expressão chula, comum do Nordeste, para traduzir a indiferença para julgamentos alheios, é transportada pela alagoana para o ambiente formal das paradas militares, em que os cavalos fazem suas necessidades fisiológicas sem levar em conta a pompa dos desfiles. Martha fala sério após a piada:

– Tenho certeza de que o futuro tem um coração antigo e de que posso viver várias vidas dentro de uma mesma vida. É uma sensação de paz, plenitude. Eu me sinto numa nova adolescência, com total liberdade e responsabilidade pelas minhas escolhas. Estou vivendo a minha melhor versão.

Condizente com seu alto-astral, escolheu até a frase a ser inscrita em sua lápide, em um futuro distante:

– Aqui jaz uma mulher feliz. E, enfim, magra!

ÁLBUM DE FOTOS

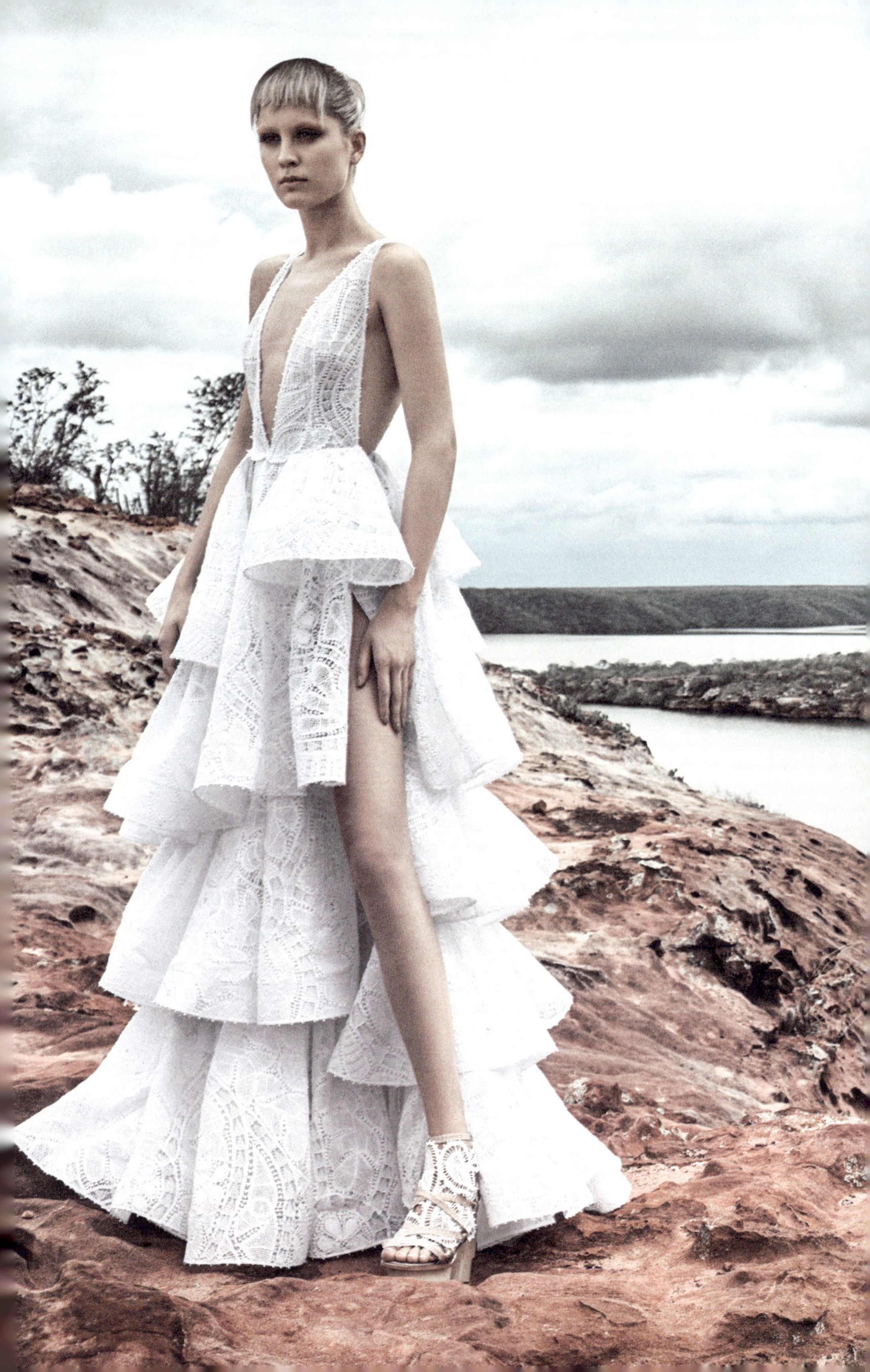

O fotógrafo Bob Wolfenson assina ensaio com criações de Martha Medeiros no sertão de Alagoas

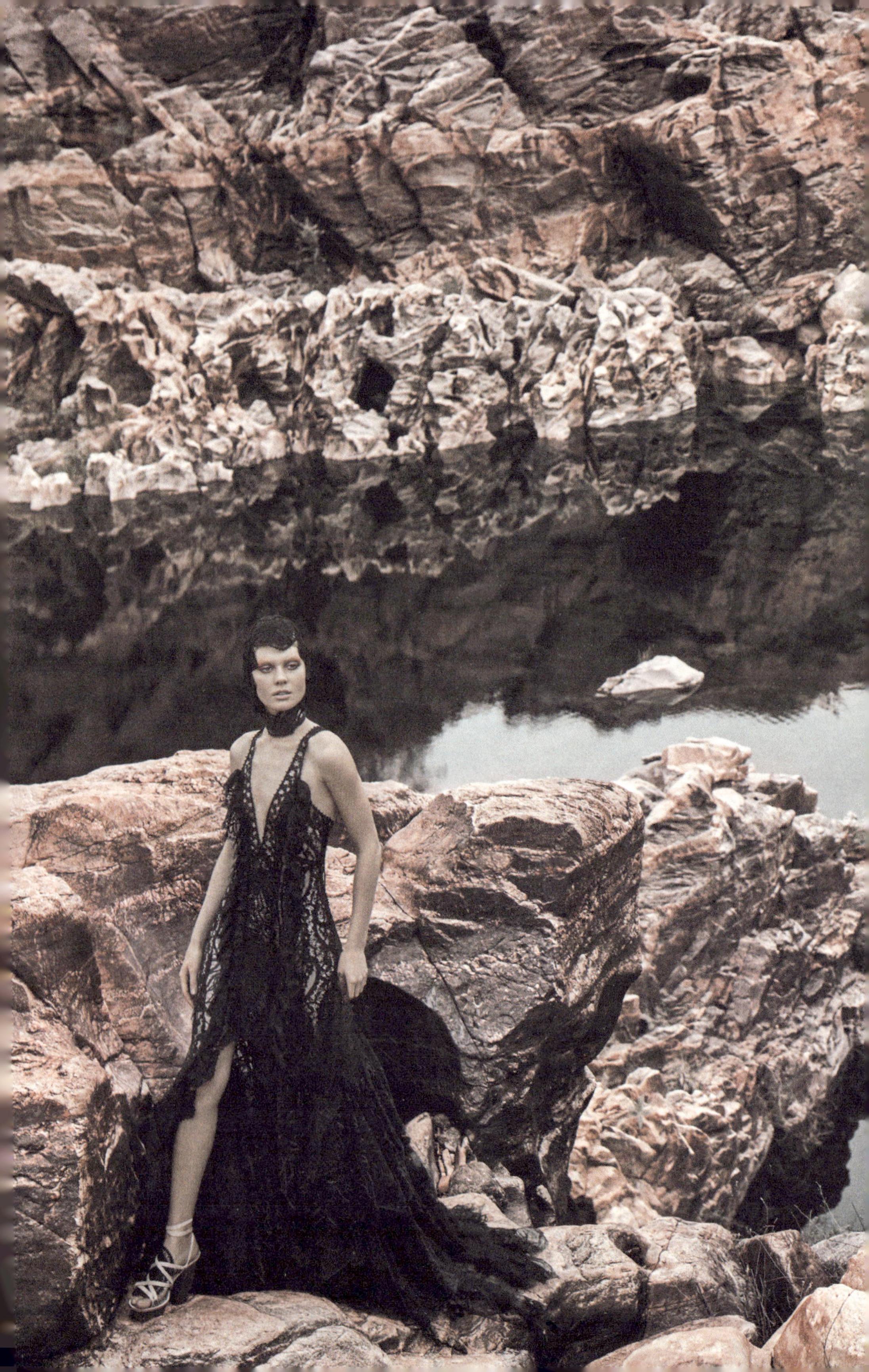

A sofisticação dos modelos de gala by Martha Medeiros retratada no cânion do São Francisco para catálogo da grife

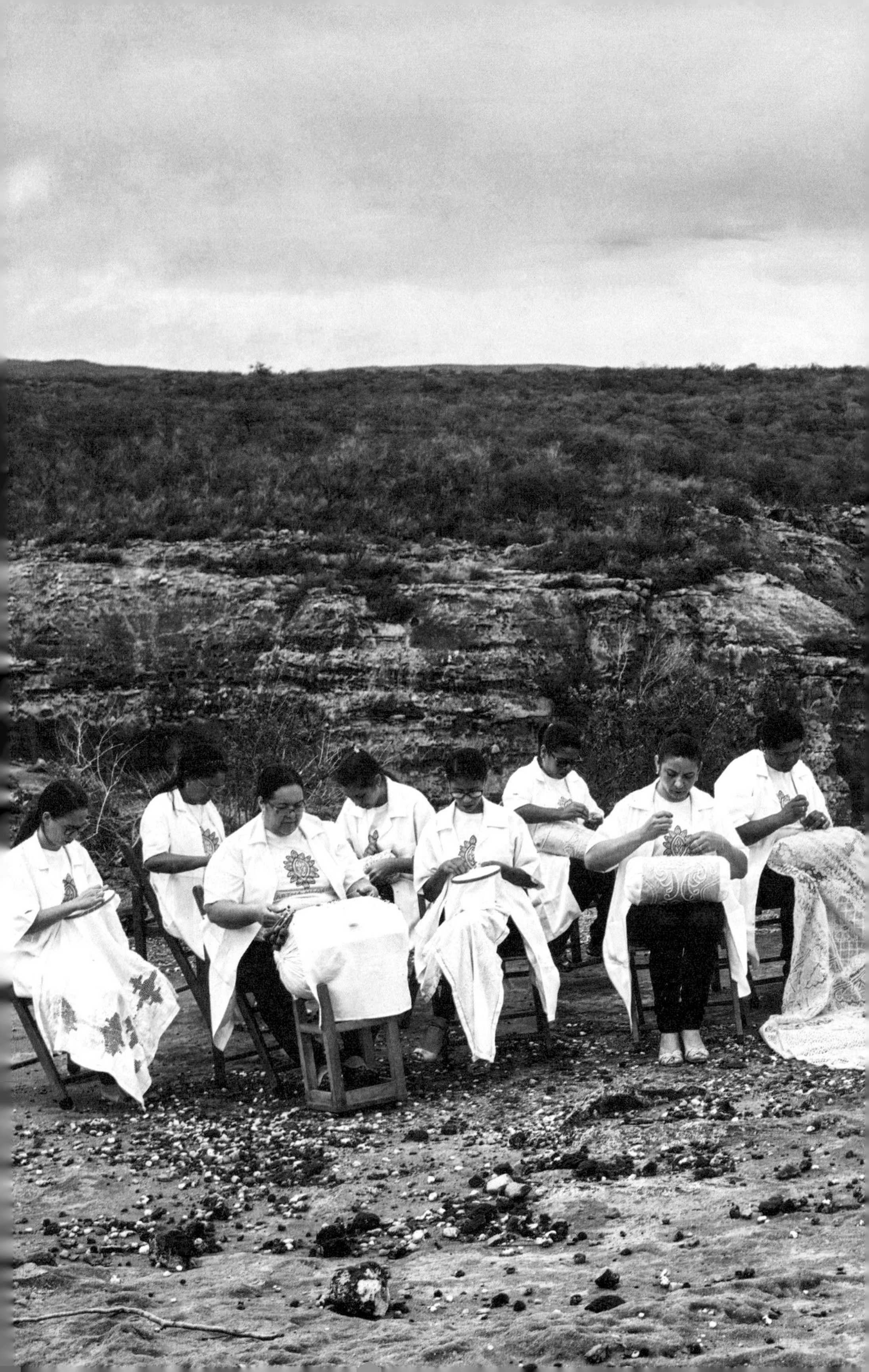

Modelo posa ao lado de rendeiras que fornecem a matéria-prima para as criações artesanais de Martha Medeiros

Detalhes do requinte das criações da estilista brasileira

Ivete Sangalo escolheu um longo de Martha Medeiros para o show de abertura da Copa do Mundo no Brasil, em 2014

Sofía Vergara passou a desfilar com modelos assinados por Martha, após escolher a brasileira para fazer um dos vestidos de seu casamento

Na inauguração da loja da grife na sofisticada Melrose Place, em Los Angeles, uma constelação de famosas: da esquerda para a direita, Jordana Brewster, Sasha, Xuxa, Martha, Camilla Belle, Luciana Gimenez, Claudia Leitte e Daniela Albuquerque

No desfile no luxuoso Hotel Tangará, em São Paulo, Martha recebe clientes como Paloma Bernardi, Xuxa, Claudia Raia e Elba Ramalho

A estilista posa com uma das tops que desfilaram criações dignas de tapete vermelho nos salões do Hotel Tangará, um dos desfiles mais icônicos da marca, em agosto de 2017

Em Marrakesh, as clientes de Martha Medeiros fizeram um mergulho na cultura local vestidas de renda

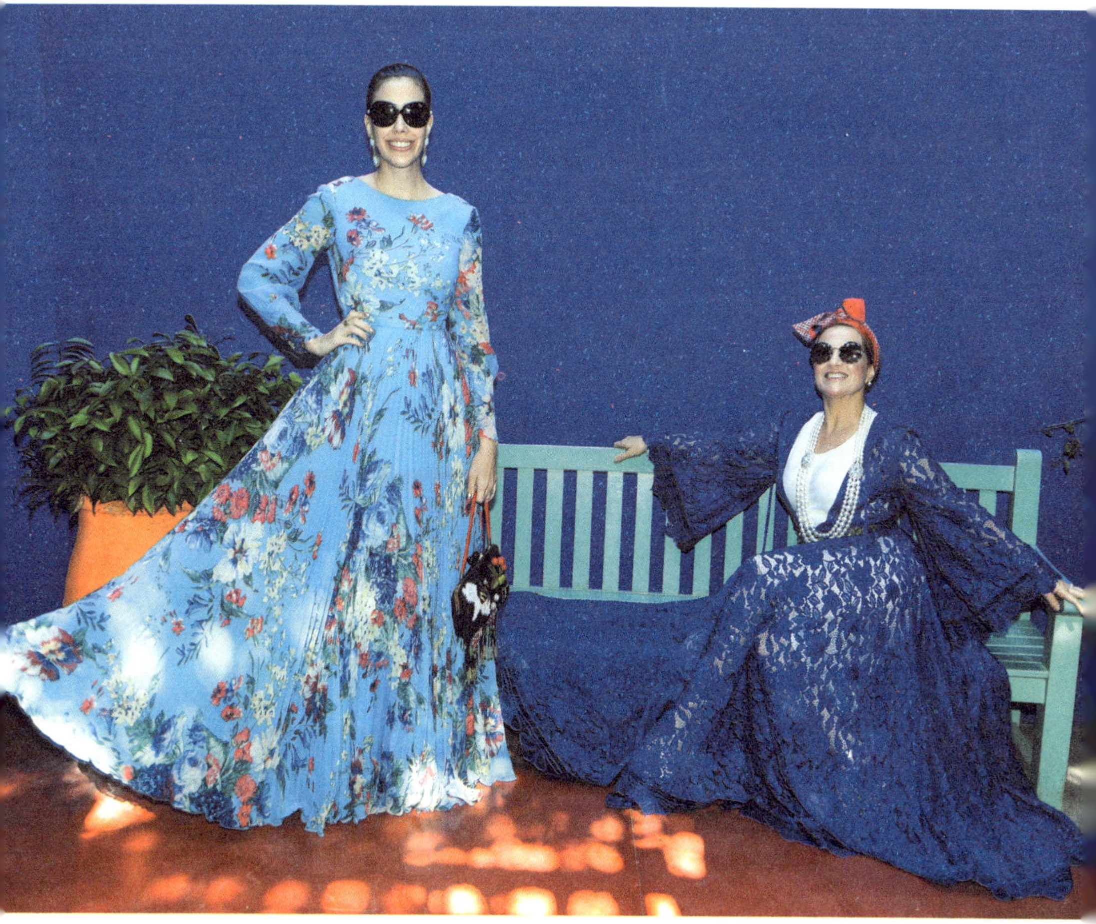

Bia Doria, a então primeira-dama de São Paulo, visitou Piranhas (AL) para ver de perto o trabalho de inclusão produtiva das rendeiras

Bia Doria posou para fotos com modelos em renda assinados por Martha Medeiros, em passeios pelo rio São Francisco

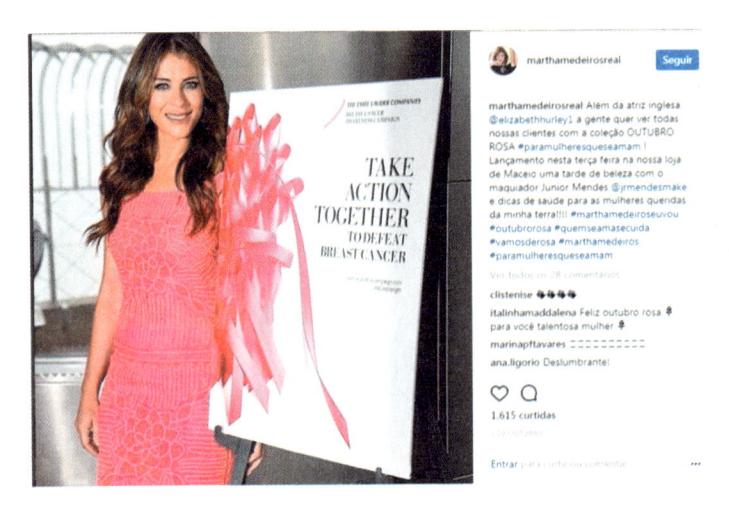

Elizabeth Hurley usou um modelo Martha Medeiros para ir a um evento beneficente, enquanto Jessica Alba (abaixo) desfilou criações da brasileira em vários tapetes vermelhos

A estilista confeccionou em renda francesa rebordada de minipérolas o vestido de noiva da atriz Fernanda Souza, que se casou em 2015 com o cantor Thiaguinho na Paróquia Nossa Senhora do Brasil, em São Paulo

A família Medeiros: Gustavo, Martha, o marido Gélio e Gelinho

A família Medeiros cresce com a chegada de Guilherme, o primeiro neto de Martha e Gélio; abaixo, a estilista com a empresária Luiza Helena Trajano, amiga e cliente, na loja em São Paulo

O FIGURINO MÁGICO DE DANIELA MERCURY
UM RÉVEILLON POR MARTHA MEDEIROS

"Levo o trabalho das rendeiras no que visto"
Daniela

Acima, a cantora baiana experimenta o vestido dourado criado pela estilista alagoana para o espetáculo da virada do ano na praia de Copacabana. Na sequência à dir., a cantora usa um modelo inspirado no visual das baianas, em versões de saias longa e curta.

A estilista em uma das primeiras reportagens na revista *Caras*, quando vestiu a baiana Daniela Mercury para o Carnaval na Bahia; ao lado, ao ser fotografada na recepção ao papa Francisco no Rio de Janeiro, após ter feito o enxoval para recepcioná-lo, em julho de 2013

MARTHA MEDEIROS E O PAPA
ESTILISTA LEMBRA SEU ENCONTRO COM FRANCISCO

Martha e o pontífice: após o almoço dele com 12 jovens e d. Orani Tempesta. Peças da estilista, famosa pelas criações em renda, decoram a mesa.

Criada em uma família muito católica, a estilista Martha Medeiros (52) segue a máxima: "Por isso, ao encontrar-me com o papa Francisco (76) durante a Jornada Mundial da Juventude no Rio, senti-me muito emocionada. A estilista que recebeu com o pontífice que o almoço dele com 12 jovens no Palácio São Joaquim, casa demarcada do arcebispo do Rio, d. Orani Tempesta (63), revela parte da decoração da mesa usada para atender o visita do papa, uma toalha de linho, peças de porcelana branca com uma bandeira amarela tendo no centro o brasão do papa. Tudo foi

"O papa me deu um terço e disse: quero lhe pedir que reze por mim." (Martha)

feito por Martha Medeiros Home Para enfeitar, três floreiras, também em prata, com 12 rosas brancas, representando os jovens, e uma amarela, cor do Vaticano, simbolizando o santo padre. Nos almoços foram servidos, entre os muitos pratos, sopa de lentilha e de ervilhas, frango com laranja, lombo com farofa. Tive bem próxima do papa pedi por Tom. Ele olhou para o meu crachá e pediu também que eu rezasse por ele. Quando ele terminou, o Papa-mobile levou-nos de volta ao Santo Daime trabalhamos como voluntários, com ajudantes das cozinhas, no salão de festas até a limpeza dos copos. Foi muito gratificante", diz Martha, que havia todas as peças para Arquidiocese do Rio.

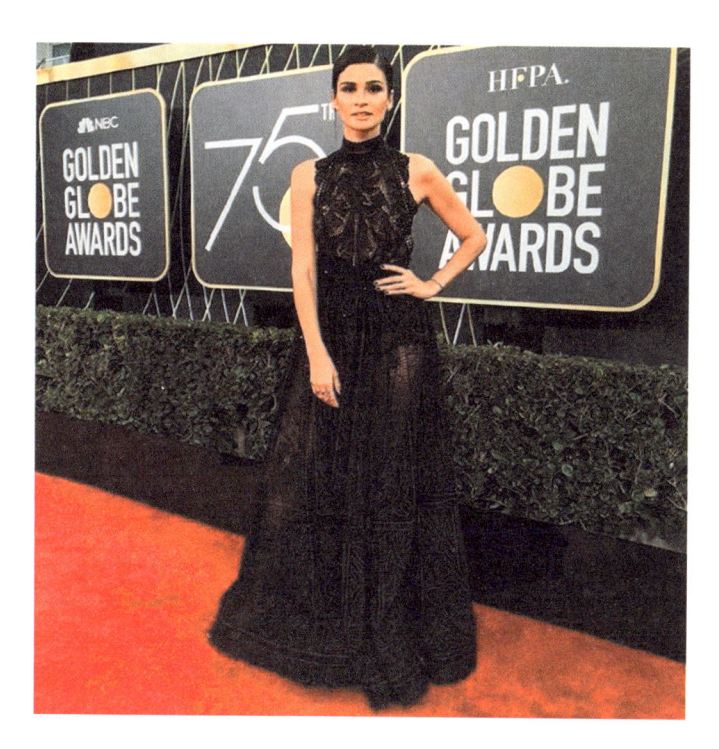

A top Caroline Ribeiro em um longo Martha Medeiros no tapete vermelho do *Globo de Ouro*, em Los Angeles; reportagem de Martha na revista *Vejinha*, quando a alagoana começou a chamar a atenção da mídia para o seu trabalho artesanal

MODA

Mulher rendeira

A estilista Martha Medeiros ganha fama (e dinheiro) com vestidos artesanais

A loja da Rua Melo Alves: pontos de venda no Brasil e no mundo

Pelo menos uma vez por mês, a estilista alagoana Martha Medeiros deixa o apartamento onde mora, nos Jardins, rumo a Maceió, sua terra natal. Quase não usufrui a confortável casa que construiu ali. Costuma seguir direto para Piranhas, a 280 quilômetros da capital. O município é conhecido por abrigar dezenas de mulheres que confeccionam renda artesanalmente às margens do Rio São Francisco. Ela também vai buscar matéria-prima com 250 rendeiras organizadas em cooperativas em cidadezinhas vizinhas. "Trabalhamos juntas, batemos papo e discutimos novas técnicas", conta Martha. "É a parte de que mais gosto." Do Nordeste, a renda produzida vem para o ateliê da estilista, em São Paulo. Na pequena fábrica, sete modelistas e costureiras produzem apenas vinte peças por mês, a maioria sob medida. A exclusividade tem preço: um vestido custa a partir de 4 500 reais e pode facilmente chegar à casa dos cinco dígitos.

Antes de se dedicar à moda, Martha cursou direito e trabalhou como bancária. Há vinte anos, pediu transferência para cá e formou-se em moda com primeira turma do Senac. Abriu uma butique em Maceió três anos atrás. A fama da rendeira chique espalhou-se rapidamente Brasil (e mundo) afora. Hoje, sua coleção também pode ser encontrada em outra loja própria, na Rua Melo Alves, e em oito pontos de venda nacionais e três internacionais, incluindo a inglesa Harrods. "Queria tirar a cara de toalha de mesa e sofisticar a renda brasileira", diz. "Dou uma linguagem contemporânea ao artesanal." Vestidos de renda renascença, de filé e bilro com a assinatura dela já foram desfilados por famosas como Deborah Secco, Raica Oliveira e Marília Pêra, entre outras. Hebe Camargo e Daniela Mercury são clientes fiéis. A falante Martha anda feliz da vida desde que foi convidada para expor em um museu dedicado à renda, em Calais, na França. Precisa mandar três peças para o acervo até abril. Outra roupa desenhada por ela, porém, deve chegar antes ao território francês. Dia desses, uma cliente provou e arrematou, em quinze minutos, um vestido longo por 20 000 reais. Iria usá-lo em uma festa em Paris. Renda da beira do São Francisco para a do Sena, com escala em São Paulo.

A modelo Raica Oliveira: vestido de patchwork

GIOVANA ROMANI

Corner de Martha Medeiros na loja de departamentos Bergdorf Goodman, em Nova York

Visita à tradicional Bordallo Pinheiro, em Portugal, para realizar uma parceria

Martha saiu de Maceió, onde era dona de uma loja multimarcas, para apostar na sofisticação da renda e criar uma marca de luxo genuinamente brasileira

Maythe Birman e Martha Medeiros durante o lançamento de uma coleção, em colaboração com a Arezzo

A alagoana foi entrevistada por Jô Soares no mais importante talk show da TV brasileira